创业从一份商业计划书开始

STARTUP
BUSINESS PLAN

吕森林　申山宏◎著

电子工业出版社·
Publishing House of Electronics Industry
北京·BEIJING

图书在版编目（CIP）数据

创业从一份商业计划书开始 / 吕森林，申山宏著 . —北京：电子工业出版社，2019.4

ISBN 978-7-121-35875-3

Ⅰ . ①创… Ⅱ . ①吕… ②申… Ⅲ . ①商业计划—文书—写作 Ⅳ . ① H152.3

中国版本图书馆 CIP 数据核字（2019）第 001765 号

策划编辑：张振宇

责任编辑：张振宇

印　　刷：河北虎彩印刷有限公司

装　　订：河北虎彩印刷有限公司

出版发行：电子工业出版社

　　　　　北京市海淀区万寿路 173 信箱　　　邮编：100036

开　　本：720×1000　1/16　　印张：15　　　字数：260 千字

版　　次：2019 年 4 月第 1 版

印　　次：2025 年 7 月第 8 次印刷

定　　价：58.00 元

凡所购买电子工业出版社图书有缺损问题，请向购买书店调换。若书店售缺，请与本社发行部联系，联系及邮购电话：（010）88254888，88258888。

质量投诉请发邮件至 zlts@phei.com.cn，盗版侵权举报请发邮件至 dbqq@phei.com.cn。

本书咨询联系方式：（010）88254210，influence@phei.com.cn，微信号：yingxianglibook。

大众创业，万众创新。初创企业如雨后春笋般迅速发展，创业大军不断发展壮大。

资金是创业团队发展的关键要素。目前企业获得资金的首要渠道是融资，而融资依赖商业计划书才能实现。商业计划书的成功撰写，是企业特别是初创企业未来成功的第一步。

一份优秀的商业计划书，要素多、逻辑密、目的明确、感染力强。除此之外，商业计划书中需要用到的数据信息量大，且要求精准，针对不同的投资者还要有不同的侧重点。

创业团队想要把融资计划进行得更为顺利，要对商业计划书进行全方位了解，重塑对商业计划书的认知，学习如何系统撰写商业计划书。才能在商业计划书后期展示时，有的放矢，运筹帷幄，积极调动企业的各项资源，完成一次又一次融资。

本书针对商业计划书中出现的种种问题，介绍了初创企业为什么需要商业计划书，并详细解析了在撰写商业计划书时获取数据的主要渠道，细化商业计划书的核心内容，撰写商业计划书的技巧等内容。在撰写优秀的商业计划书的基础上，本书还提及了如何打造一个完整的退出机制体系，减少融资风险的同时也能让投资者更加安心。

　　本书除了能够帮助创业团队提升撰写商业计划书的水平，还有助于创业团队学会如何从商业计划书中发现企业经营的不足，进而找到提升自己管理水平和营销能力的方法，让企业融资更有底气。

　　作者多年潜心研究商业计划书的书写，有丰富的实践经验和案例素材，希望这本初创企业不可或缺的实战工具书能帮助广大的创业团队以及中小企业的管理人员，发现他们自身在撰写商业计划书时所存在的不足，找到提高撰写能力的方法，让企业更容易获得投资者的青睐，在创业发展路上高歌猛进。

第 1 章

初创公司为什么需要商业计划书

第2章

如何让商业计划书既符合逻辑又好看

第 **3** 章

如何完美展现公司现状与业务背景

第 **4** 章

公司竞争优势分析

第5章

核心团队：初创公司的最大价值所在

第6章
为投资人带来信心的运营现状

第 7 章

公司赢利水平与财务预测

第 8 章

企业估值与融资需求

第 9 章
风险说明与退出机制

第10章
商业计划书的展现细节完善

第11章
初创公司商业计划书附录与实战案例

三、初创公司商业计划书实战案例

第 1 章

初创公司为什么需要商业计划书

有些初创公司的创业者认为，我的公司又不融资，也不打算上市，我为什么要写商业计划书？如果创业者认为商业计划书只有大公司才需要写，那就大错特错了。

初创公司更需要一份优秀的商业计划书来吸引融资，但商业计划书又不仅仅是为了融资，它不只是给投资人看的，也是给创业者自己看的，它旨在对公司的发展思路进行一个清晰的脉络梳理，这也是提倡商业计划书一定要精细书写的原因。

一、初创公司商业计划书的作用

初创企业的创业者热火朝天地去找投资人聊项目，如果对方有意向，他就会告诉创业者："能不能把你的 BP 发一份给我看看？"

投资人口中的"BP"就是"Business Plan"的缩写，即"商业计划书"。商业计划书是关于初创企业商业构思和发展规划的一种阐述性文件。

由于投资人与创业者面对面沟通需要花费双方大量的时间，商业计划书就可以针对这一问题，帮助投资人对初创企业进行"预了解、预沟通"，有效节省双方时间。因而，商业计划书可以说是融资过程中最佳的商业信息展示载体。

（一）理顺商业模式与关键点

商业计划书起源于美国，是大多数营利性组织机构为了达到招商融资以及其他目标，并对自身进行全方位评估的书面材料。商业计划书包含了企业发展史、目前发展状况以及未来发展潜力等内容，让投资人等对象从中对企业进行初步的了解。随着商业计划书的不断演进，如今的商业计划书已经成为企业展示商业思维的最佳载体之一。

一份优秀的商业计划书将是初创企业成功开始的第一步。大部分人认为，商业计划书是为了融资而存在，只是用于给投资者看的。然而，商业计划书并非仅为了融资而存在。在企业创业之初，必须要进行大量的准备，比如行业状况、项目优势、产品受众等，都是企业必须了解的情况。除此之外，企业发展应该采用什么样的商业模式、这一模式的优缺点有哪些、采用这一模式应该考虑什么关键问题等，都是创业者不得不思考的重点。

创业者在创业之初花费大量时间与精力进行准备，就是为了让企业能够发展壮大。然而，当把想法付诸行动时，创业者才会发现自己手足无措，不知道从哪里做起。商业计划书是初创企业厘清自己所有行动步骤的最好工具与语言，它是一份设计好的、旨在说服犹豫不决的投资人向新生企业投资的文件，同时它还是创业者的创意和构思转变为现实的企业详细路线图。

对于初创公司的创业者来说，商业计划书可以帮助其理顺商业模式与关键点。中国有一句古话，"当局者迷，旁观者清"。从外部的角度看自己的商业计划书更能有效地发现之前发现不了的问题，同时也能开阔思路，获得更多新、更好的想法。商业计划书能够帮助企业对其发展思路、商业模式进行一个明晰的梳理，并将发展过程中的关键点整理出来，从而成为企业在创业这条道路上前进的助推器。

对于初创企业而言，商业计划书是对自己进行再认识的一个过程。创业者在头脑里谋划了一个非常有潜力的项目，但不够清楚明确。而通过编写商业计划书，创业者可以把所有的想法都写下来，然后再一条一条地推敲、修改，从而让自己对这一项目能够获得清晰的认识。

创业者也可以这样理解商业计划书的作用：商业计划书首先要能够做到把计划中的项目推销给创业者自己，才有机会将其推销给投资人。因此，如果创业者想要将创业工作进行下去，不妨先坐下来，编写企业的商业计划书，从而帮助自己进行系统化的梳理。自己的想法创意自己肯定觉得很棒，但是当创业者把所有的项目细节和市场数据进行梳理时，重新去看之前的想法，可能就不会这么认为了。因此，商业计划书能够促进创业者在原有想法的基础上，进一步完善创业思维。

企业通过商业计划书厘清思路，必须要注意商业计划书中常常出现的七个普遍性问题（见图 1-1-1），如果发现自己的商业计划书出现图中列出的问题，企业应该及时修正，否则将很难理顺自己的商业模式。

有的人不太理解图中的问题与企业的商业模式有何关系，就图中所展现的抄袭问题举例，如果企业的商业计划书只是借他人之手进行总结，并不是根据自身情况仔细编写的，外人对于商业计划书中的内容其实是一窍不通的，又怎能理顺自家企业的商业模式呢？

企业在发展的不同阶段，所需要考虑的关键内容也不一样。比如，企业在初创阶段，将会更加关心产品在市场的反应；在成长阶段，企业就会

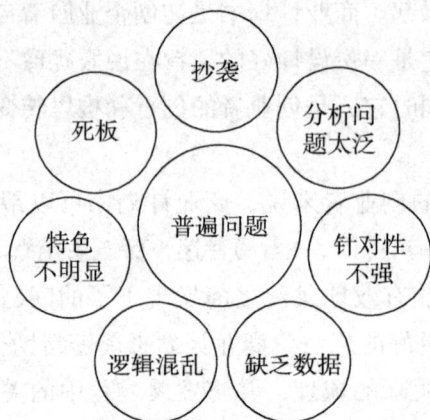

图 1-1-1　商业计划书中经常出现的七个问题

比较关心发展规模、赢利增长等；在成熟阶段，企业将会着重考虑如何稳固地位并在这一基础上拓宽市场等。

　　而企业提前撰写好商业计划书，就可以根据不同的发展阶段总结出发展的关键点，从而做出规划，像企业获得投资后将会把资金着重用于哪些项目等，都是企业通过商业计划书所要厘清的关键点。由此可见，商业计划书对于初创企业的发展来说起着不可或缺的重要作用。

（二）打动 VC 并融到钱

　　VC 即 Venture Capital（风险投资，也叫创业投资，简称风投），是商业计划书所要面向的重要对象之一。大多数的投资机构或投资人对企业项目进行审评的首要依据就是商业计划书。初创企业要想顺利地获得投资，就一定要避免在形式审查的环节被 PASS 出局失去申请资格。要知道，很多企业都有专利证书或者科技成果鉴定证书，但企业想要仅凭这些内容获得投资几乎是不可能的事。由此可见，一份规范的商业计划书对于初创企业是必不可少的。

　　美国一位风险投资商对于商业计划书曾说过一段话，大概意思是：创业企业邀人投资或者加盟，就像在向离过婚的女人求爱，而不像和心地单纯的女孩子热恋。双方各有打算，仅靠口头的许诺是难以赢得芳心的。对于苦苦寻求资金来源的创业企业而言，商业计划书就像是一份对投资商的书面承诺，其好坏是影响投资的重要因素之一。

投资商在与需要资金的初创企业接触中，为什么企业首先要准备一份商业计划书？为什么不能通过电话交流或者直接面谈？这是因为投资商的投资是带有一定风险的，是一种非常严谨的行为，投资商通常都是在审阅了企业提交的商业计划书后，有投资的意向、想进一步了解企业的详细情况后才会与企业人员会面。

因为只有在初步了解了企业的产品、管理制度、市场预测等基本情况之后，投资商才知道这家企业是否符合他们的投资要求，进而考量与企业之间是否需要进一步商讨。不仅如此，投资商通过商业计划书了解完基本信息后，与企业面谈时所提出的问题也更有针对性，可以有效提高面谈效率。所以说，商业计划书是吸引融资的敲门砖，商业计划书写得好，充分彰显企业的吸引力，获得融资的希望就更大。

初创企业的创业者在编写商业计划书之前，一定要了解到投资商希望从商业计划书中了解什么，这样写起来才更有针对性。企业不要在网上搜出一大堆的计划书模板，不管合不合适就往上套。

美国的投资人将投资的核心理解为：投资其实更是投人，强调创业者和创业团队的重要性。中国投资人则认为，不仅是人，企业的业务现状同样重要，在众多的项目投资申请中，处于发展期的项目更容易获得投资者的青睐。VC 看商业计划书主要是想了解：企业的生意做得好不好？创业团队行不行？具体来说，初创企业的商业计划书要告诉 VC 关于三个问题的答案：

1. 生意如何

投资人通常都想知道企业的发展状况如何，这在一定程度上能够影响其日后的收益。就商业模式而言，企业的商业模式在市场上是不是已经取得效果了？是否具备良好的延展性？这些问题都能够显示出企业的生意状况，是投资人比较关心的问题。

企业的生意在一定程度上能够影响企业的发展规模，有些生意能做成国际性的大买卖，有些则只能赚点小钱。但在商业计划书中，企业却不能仅仅展示自己的纯利润来表示生意状况。以外包市场为例，如果有创业者在商业计划书中说，他在上一年获取了 100 万元的利润，但是外包市场规模达到万亿美元级，这 100 万元的利润无法代表企业价值，而市场规模更能体现企业价值。

2. 人怎样

市场地位一方面指的是企业在市场上的占有率，另一方面则是指企业的收入、利润率等财务指标以及企业未来的发展潜力。企业管理团队的创业能力、团队的精神面貌、过去的成功经历则决定了企业的发展前景。

由于很多初创企业还处于非常早期的阶段，甚至谈不上什么市场地位，这时候企业管理团队的能力将成为投资者考察的重点。企业的创始人或创业团队中最好有人在相关领域有过成功经验，如果没有经验，就要衡量一下创业者的经历和基本个人素质与才能。要注意的是，初创企业的合伙人和企业的顾问团队也是投资人要考察的重点内容之一。

3. 为什么我要投资

VC 在决定投资一家公司的时候，一定会问自己一个问题：这个公司是我最好的选择吗？如果投资者手上还有其他的项目，VC 当然会选择更好的项目。也就是说，获得投资的关键是初创企业的这个项目能否成为投资者手头最好的项目，如果 VC 放弃了这个投资就等于失去了赚钱的最大机会。能够在众多的商业计划书中脱颖而出，就是投资人为什么投资的理由。目光长远的初创企业不仅仅被选择，也选择投资者。在选择投资者的时候，也并不仅仅满足于拿到钱，同时还很看重拿到的是谁的钱，看重 VC 身上的附加价值。

上面这三个问题是投资人快速筛查、决定投资项目的有效方法。如果初创企业的商业模式已经被验证、市场容量巨大、模式新颖有特色、市场占有率稳居第一、团队能力强并且没有不良记录，那么，你的公司何愁拿不到 VC 的投资。可能愁的是：手头上有一群想投资的 VC，而你不知道该选择哪一家。

（三）识别盲点，增强叙述与表达

商业计划书最早被认为是从私人投资者和风险投资家手中得到创业资金的一种手段，现在已发展为企业在寻求业务合作伙伴时不可或缺的程序之一。商业计划书作为企业商业模式的实施计划，不仅仅是初创企业需要使用，大公司也逐渐需要依靠特定项目的商业计划书来帮助公司做出内部的投资决策。

一些创业者自认为熟悉公司的业务，然而深究之下会发现他们的商业思维模糊，没有焦点，也没有一个足够清晰的故事线、产品线或清楚的公司发展前景，甚至创业团队中的每个成员对公司业务及愿景都有不一样的想法和理解。

很多创业者觉得既然手上有现成的资源，也有一个"靠谱的"想法，为什么不来一场说干就干的创业呢？对于很多已有经验的创业者来说，即使不写商业计划书，脑海中也有一个清晰的脉络，在这种情况下，商业计划书的作用就是把这个清晰的脉络书面表达出来。因为为一个模糊的想法欢呼雀跃还为时过早，项目能否实行还是先写下来再细细考究的好。

还有一些创业者在阐述自己的创业计划时总是抓不住重点，造成这种情况主要有两点原因：一是对项目的发展脉络理解不够通透；二是创业者没能将头脑中清晰的发展战略通过简洁的书面材料表达出来，"茶壶里煮饺子——倒不出来"，给人一种"只可意会，不可言传"之感。

创业者在写商业计划书的过程中，会对企业产品、销售市场、财务状况、管理团队等进行调查研究，可以发现其中的盲点，有盲点并不可怕，但有些信息一定要叙述到位，杜绝盲点的出现（见图 1-1-2）。

图 1-1-2　商业计划书中的表达盲点

创业者在商业计划书中需要着重阐述清楚的就是产品、商业模式、团队情况、营销方案、公司运营、产品的竞争优势和市场对产品的需求程度。为了杜绝这种信息存在盲点的基本错误，创业者在撰写商业计划书时可以先列出一个大纲，把每个章节主要内容的关键字先写下来，在内容无盲点的基础上，再进一步增强叙述与表达，及早发现问题，进行事先控制，早发现早解决，防微杜渐地去掉一些不可行的项目，进一步完善可行性强的项目，从而增大初创企业的创业成功率。

二、优秀商业计划书应具备的特点

"凡事预则立，不预则废。"当企业正值创业初期，或者打算扩展一项新的项目时，会遭遇各种各样的问题。这个时候，商业计划书可以让创业者思路更加清晰。商业计划书可以帮助创业者对项目设想进行更加科学的分析与安排，让投资人更加明确地知道项目设想是否可以实现、企业能从这个项目获得多少回报、风险是否可控等。

无论是国内还是国外，企业提交的商业计划书都要经过风险投资机构严格的审查评估，因此，企业能否获得投资，还要看内容和格式过不过关。在本小节中，我们将为大家详细介绍商业计划书应该具备的内容特点，以及如何及时吸引投资人的注意。

（一）优秀商业计划书 8 要素

撰写一份优秀的商业计划书不是一件简单的事情，但也不是没有规律可循。撰写者要注意，一个优秀的商业计划书必须包括以下 8 个要素（见图 1-2-1）：

1. 概要

商业计划书中的第一部分是概要，这也是初创企业整个商业计划书最为重要的一部分。循名责实，概要部分实际上就是对整个商业计划书、企业基本情况的一个概述。虽然概要部分是商业计划书的开头，但通常情况

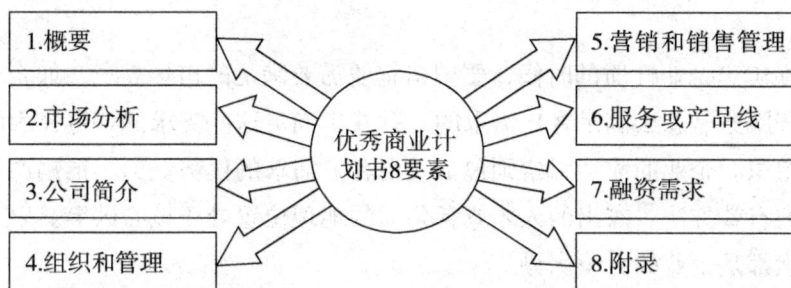

1.概要		5.营销和销售管理
2.市场分析	优秀商业计划书8要素	6.服务或产品线
3.公司简介		7.融资需求
4.组织和管理		8.附录

图 1-2-1　优秀商业计划书 8 要素

下是留在最后完成的。因为只有当撰写者把商业计划书的其他部分都写好了以后，才可以更好地概括全文。

2. 市场分析

第二部分是市场分析，这个部分主要是叙述公司所处的行业领域，创业者要让投资人看到自己对市场的调查结果，有关的调查过程等细节是放在商业计划书最后的附件里的。

市场分析主要包括以下五个部分（见图 1-2-2）：

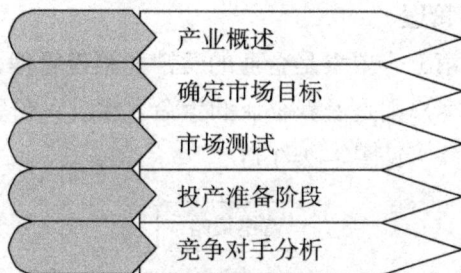

产业概述

确定市场目标

市场测试

投产准备阶段

竞争对手分析

图 1-2-2　市场分析的五个部分

在进军一个行业时要分析竞争对手的不足之处，例如，他们不能满足消费者的需求；他们的市场渗透力不强；他们有不良的工作记录；竞争对手的资源有限；对优秀人才的吸引力不强。一旦发现了竞争对手的不足之处，一定要继续发掘产生这种不足的根本原因，有则改之，无则加勉。

3. 公司简介

商业计划书的第三个要素是公司简介，这一部分同样不用在细节性的问题上描述过多，内容主要包括两个部分：企业的性质和企业成功的因素。

在确定企业性质的时候，要列出企业需要满足的市场需求，如企业的产品和服务是怎么满足客户需求的，并找出满足这些需求的特定原因的个人或组织。企业的成功因素则包括满足客户需求的优势能力、推销产品和服务的有效方法、杰出的人才或者公司的地理位置处于核心区等。以上所有因素都是企业的竞争优势。

4. 组织和管理

商业计划书的第四个要素是组织和管理，这包括：企业的组织结构、企业的所有权、企业的管理团队和董事会。

投资专家们普遍认为对于一个初创企业而言，企业创业者或创业团队的能力以及过往成果是决定企业能否走向成功的重要因素。所以，必须在商业计划书中让投资人知道初创企业的灵魂人物及其创业背景，提供一份团队个人简历。要强调团队中其他成员的能力是如何与创业者形成互补的，如果初创企业完全没有经验，就强调团队中的每个人有什么特长对公司成功有重要作用。

5. 营销和销售管理

商业计划书的第五个要素是企业的营销和销售管理，销售的过程就是创造客户的过程，客户则是滋养企业的生命之水。一份完整的营销策略应该包括以下四个部分（见图 1-2-3）：

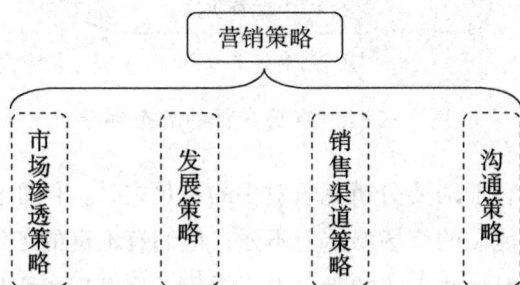

图 1-2-3　营销策略

在计划好一整套的营销方案后，接下来要制订的就是销售策略，好的销售策略可以帮助企业卖出更多的产品。销售策略的制订主要包括下面两个重要部分（见图 1-2-4）：

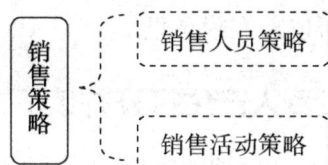

图 1-2-4　销售策略的制订

　　销售人员策略：如果创业者打算组建一支优秀的销售团队，是从内部的人员里选择还是重新招聘一个销售代表？销售团队有多少人？团队组成后如何训练新的销售团队？

　　销售活动策略：企业制订好的销售计划应该实践到具体的活动中来。企业首先需要确定潜在的客户群体，用表格的形式简洁明了地呈现出来；其次要计算出平均每笔销售的成本是多少，以电话销售为例，要确定某一时段内销售电话数，以及每笔生意的平均电话数。

6. 服务或产品线

　　商业计划书的第六个要素是服务或产品线，创业者要比较具体地描述项目产品或提供的服务类型，而且要强调企业能够吸引潜在客户和现有客户的优势在哪里。举个简单的例子，如果你开了一家饭店，不要对 VC 说饭店里总共有多少道菜，而是要让 VC 了解到你的饭店为什么会有顾客愿意来，比如由于服务到位、上菜速度快等。

7. 融资需求

　　商业计划书的第七个要素是融资需求。这一部分需要说明开始或扩展企业项目需要多少资金。这也是投资者比较关注的一个部分。融资需求中应该含有以下内容：

　　企业目前的融资需求、预计未来五年可能会出现的融资需求、资金要如何使用以及影响企业融资的财务策略。当创业者阐述融资需求时，一定要说明资金的数量、融资的持续时间以及企业需要的资金类型。

8. 附录

　　商业计划书的最后一个要素是附录。附录不放在商业计划书的主体部分，因为商业计划书是与投资人初次交流的替代性工具，可能不止一个人，而是很多人都会看到你的商业计划书。有些内容也许创业者并不想让所有人都看到，但对于投资人而言又需要这部分资料作为决定是否投资的依据，则这部分内容就可以放在附录里。

（二）5秒内让投资人产生打开并读下去的欲望

虽然投资人不会因为一份写得好的商业计划书就决定去投资，但是投资人绝对会因为一份乱七八糟的商业计划书直接过滤掉你的公司。投资公司每天会收到大量的商业计划书，平均一下投资者看每份商业计划书的时间也是有限的。那些不能给风险投资人以充分的信息也不能使投资人激动起来的商业计划书，最终的结果只能是被扔进垃圾箱里。老练的投资人5秒内就可以决定一个项目是否值得投资。如何写出一份打动投资人的商业计划书？5秒内让投资人产生打开并读下去的欲望？

1. 简洁

一份商业计划书的长度一定不要超过50页，最好控制在30页左右。如果超过30页还无法介绍清楚你的项目，那么不是你的叙述有问题，就是你的项目有问题。一份冗长的商业计划书往往会让投资人失去阅读兴趣。

2. 完整

所谓完整，一是指商业计划书的构成要素要完整，概要、市场分析、公司简介、组织和管理、营销和销售管理、服务或产品线、融资需求一个都不能少。

二是指要全面真实地披露与投资有关的所有信息。法律规定，申请风险投资的企业必须将与企业业务有关的所有重要信息都用书面形式体现出来。如果企业披露得不完全，有些风险没有提前告知投资人，那么在投资失败后，投资人就有权利收回投资并起诉企业。

3. 条理清晰，语言通畅

如何让自己的商业计划书在众多的BP中给投资人留下深刻印象？怎么才能确保自己的商业计划书能在众多计划书中吸引投资者的眼球呢？

如果初创企业做出的商业计划书内容杂乱无章，语言晦涩难懂，投资人必然在一开始就失去兴趣，哪怕项目再好，投资人也很难想要再去了解。相反，如果初创企业能够做出内容条理清晰、语言通俗易懂的商业计划书，投资人自然而然会被它吸引过去。

因此，初创企业在制作商业计划书时，要多借鉴成功企业的商业计划书，学习如何使商业计划书的内容清晰易读，让投资人一目了然，在最短的时间内以最快的速度吸引投资人。

4. 直入主题，开门见山

撰写商业计划书的目的是为了得到投资而不是与风险投资家们谈天说地，因此，在撰写商业计划书时要避免一些与主题无关的内容，直接开门见山，在 5 秒内让投资人产生投资兴趣。风险投资者没有时间阅读一些没有意义的东西。这一点对于创业者在撰写商业计划书时是应当格外注意的。

总之，创业者一定要明晰商业计划书的概念，它是展现创业者创业想法与企业商业规划的一种实用性文件。商业计划书要展现出两个不同的维度——既是初创企业创业者的思维逻辑能力、总结概述能力、对需求及问题的精练能力，同时也展现出初创企业未来的发展和愿景。

（三）案例：大佬周鸿祎眼中的 BP 玩法

什么样的商业计划书才能称为优秀的商业计划书？ 360 的 CEO 周鸿祎曾在内部分享过如何打造一份完美计划书的案例：

> "第一，用几句话清楚说明你发现目前市场中存在一个什么空白点，或者存在一个什么问题，以及这个问题有多严重，几句话就够了。"

投资人为什么要创办一个企业，一定是因为发现当下在市场里还有一个问题没有被解决或者别人解决得不够完美。很多人洋洋洒洒写了好几百页，再抄上一些报告。投资人天天看商业计划书，你不怕和别人抄重了吗？ VC 们都很聪明，并且对市场行情有足够的了解，不要向他们论证市场有多大，直截了当地告诉他们目前市场里到底存在什么问题。

> "第二，你有什么？"

在发现问题之后你打算如何解决这一问题，优秀的投资人往往会站在客户的角度去思考问题，如果我是客户会不会选择你的产品，你解决的问题越具体，越实用，投资者越会觉得你的项目值得做一做。

> "第三，你的产品将面对的用户群是哪些？一定要有一个用户群的划分。"

你的产品面向的是什么样的客户？是全国男女老少都用还是只给学生用。创业之初不要好高骛远，"骐骥一跃，不能十步；驽马十驾，功在不舍"，最开始找一个哪怕很小众的用户群精准定位，让人感觉你比较务实。也不要过于夸大自己的实力。

> "第四，说明你的竞争力。"

为什么这件事情只有你能做，别人做不了吗？如果别人也能做，你比别人强在哪里？如果这件事谁都可以干，投资人为什么要投资给你？BP上要凸显自己的核心竞争力，关键不在于你的项目是大还是小，而在于你能干得比别人好。

> "第五，再论证一下这个市场有多大，你认为这个市场的未来是怎么样？"

创业者对自己所做的项目在未来市场有多大，可以做一个预估，让投资者知道企业准备进入一个多大的市场。

> "第六，说明你将如何挣钱。"

如果真的不知道该如何挣钱，可以不说，你可以老实地说，现在我确实不知道这个该怎么挣钱，但是我这个产品中国一亿用户都会用，一亿人都会用的产品肯定有它的价值。不清楚如何挣钱没有关系，投资人比你更有经验，只要告诉他你的产品多有价值就可以了。

> "第七，用简单的几句话告诉投资人，这个市场里有没有其他
> 人在干，具体情况是怎样。"

创业者在撰写商业计划书时切记，不要说"我的想法前无古人后无来者"这样的话，投资人一听这种话就会对你产生怀疑。你的想法怎么就好到空前绝后了？要说实话、干实事，不要纸上谈兵，可以用具体的数据进行优劣分析。

> "第八，突出自己的亮点"。

哪怕只在一点上你比别人干得特别好，那也是你独有的东西。是旁人没有的营销手段、推广模式，还是先进技术？这个也是需要在商业计划书中表达的重点，可以花一到两页来谈一谈你的产品有什么独特之处，说明你的亮点在哪里。

> "第九，倒数第二张纸做财务分析，可以简单一些。"

你准备大概从投资人这里拿多少钱，在未来一年打算用这些钱做什么事？给投资人列出几个关键点，修电脑、买盒饭这种鸡毛蒜皮的小事无须赘述。投资者通过这些事情可以看出创业者的思维能力。

> "第十，最后，如果别人还愿意听下去，介绍一下自己的团
> 队，团队成员的优秀之处，以及自己做过什么。"

无论是时下风行的移动互联网企业还是传统公司，简单而有效的商业计划书都非常具有渗透力。如果以上这几点你都做到了，并且做得很好，先不论能否吸引到投资人，起码在商业大佬周鸿祎的眼中你的计划书已经

是一份优秀的商业计划书了。

三、面对不同类型 VC 时商业计划书的不同

风险投资的主要来源类型有个人天使投资、机构非专业投资和专业的投资基金。不同类型的投资人提供的融资类型和融资数额不同，在审阅商业计划书时重点也有所不同。创业者先思考清楚自己需要的是什么类型的融资，抓住不同类型投资者的关注重点，有的放矢地撰写商业计划书，这样获得投资的成功率会更高。

（一）个人天使投资

天使投资是权益资本投资的一种形式，属于民间投资方式。"天使投资"一词最早出现于纽约百老汇的演出捐助，如今用来形容那些捐助演出的慷慨之人，"天使"一词是百老汇的员工对投资者的赞美。现在以"天使投资"来称呼进行高风险投资的个人投资者。很多个人天使投资人本身就是成功的企业家，他们更能感同身受地了解创业者的难处，并给创业者提供帮助。虽然个人天使投资的资金相对较少，但起的作用却很大，天使投资的资金主要用于搭建企业团队、产品的原型制作以及初始阶段的简单运营等。

天使阶段的项目产品大多不够完善，而天使投资人又往往在项目的最早期加入，因此承担的投资风险相对于其他投资人来说也更大。但一旦项目成功，个人天使投资的收益也会相当可观。随着市场经济的不断发展，个人天使投资的金额也在不断增加，很多顶级的天使投资人投资金额甚至比专业的基金投资还要多。

当企业所编写的商业计划书是面向天使投资人时，最好展现出以下内容，这样更容易获得天使投资人的青睐（见图 1-3-1）：

1. 团队：简单地介绍一下企业创始团队的成员背景和工作经历，便于投资人从中了解团队的能力以及创始人的个人能力水平。创业者在介绍自己的团队时要着重说明团队成员间的互补程度，企业的创始人是全职还是

兼职？即这家企业是不是他唯一的一家
企业。

（2）市场前景：企业从事的行业领
域有没有发展前景，市场有多大？投资
人不会仅仅因为你的点子好，就投资给
你，而是要结合市场的大环境，看企业
的发展前景是否足够广阔。

（3）行业方向：和市场前景同理，
行业的天花板是否足够高，未来的发展
趋势如何？这也是投资人判断项目是否
值得投资的重要因素。

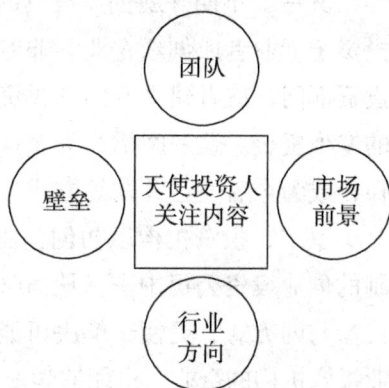

图 1-3-1　天使投资人关注内容

（4）壁垒：创业者的项目与其他的竞争对手相比有什么过人之处、行
业的准入门槛有多高，这是企业未来竞争以及获取利润的前提条件。即使
行业壁垒对企业目前的发展有阻碍，也不能隐瞒风险，而是要开诚布公地
告知投资人。

针对这几方面在商业计划书内给出明确的解释，更容易让天使投资人
青睐有加。除此之外，由于是个人投资无须考虑他人感受，在看重赢利之
余，个人天使投资人更为感性，一定要让他们看到创业者的决心和毅力。

（二）机构非专业投资

机构非专业投资是指从事项目投资的机构有其他的主营业务，且主营
业务为非金融类的企业。有学者认为，机构非专业投资是公司创业的一种特
殊形式。尽管相比于专业的投资机构，机构非专业投资的产生与发展晚了
20 年，直至近些年才获得了较多的关注度，但其发展非常迅猛。在 2015 年
的中国非专业机构投资发展报告中表明，机构非专业投资已经发展为仅次于
专业投资基金的第二大投资来源，并在中国的创业投资市场占据一席之地。

相比于专业的投资基金要求财务回报，机构非专业投资则是在财务与
战略的双重驱动力下开展投资活动。除了获得财务上的回报，投资机构还
能从企业中获得创新知识与组织开展互相学习的机会。机构非专业投资有
两大特点：

其一，早期开展创业投资的非专业机构，常常采用这种形式——直接投资于创业者或创新企业。非专业投资机构的企业内部会建立单独的创业投资部门，或者建立专门的投资小组，有正式创业投资计划，并拨出对应的专项资金。这一举措，为企业今后进入潜在的新兴高增长领域提供了途径，或为今后通过并购等方式进入初创企业提供了可能性。

其二，投资机构以初创企业"有限合伙人"的身份，参与到有限合伙制的创业投资公司中来，从而降低风险，间接达到参与创业投资目的。间接参与的方式，更便于解决可能涉及的知识产权等法律问题。而作为非专业投资机构的企业，也能够学习专业创投机构的知识经验积累及人才服务。

除了上述两种形式外，企业还可以通过与专业的创业投资基金组成战略性联盟，通过联合投资的方式参与投资，或者作为单独的天使投资人投资新项目。

The H1′17 Global CVC Report（风险投资数据公司 CB Insights2017 全球风险投资报告）显示（见图 1-3-2），2017 年上半年，全球共新增 102 家

RANK	INVESTOR	SELECT INVESTMENTS
GLOBAL MOST ACTIVE CVC INVESTORS H1'17		
1	G/	ClassPass, Spero Therapeutics, Clutter
2	GE VENTURES	Desktop Metal, Omada Health, Rethink Robotics
3	Microsoft Ventures	AirMap, Livongo Health, Outreach
4	QUALCOMM VENTURES	Innovium, Ring, Lytro
4	intel capital	Airware, iZettle, Peloton Technology
6	Johnson&Johnson INNOVATION	GRAIL, Neotract, NeuroPace
7	salesforce ventures	MapAnything, CrowdFlower, Gainsight
7	SBI Investment	LogicBio Therapeutics, Coiney, Veem
9	LEGEND CAPITAL 君联资本	Ribo Life Science, Dook Book, Bangsun Technology

图 1-3-2　CB Insights 2017 全球风险投资报告

非专业机构投资，较 2016 年下半年增长了 65%。

机构非专业投资更关注企业创始人和企业发展的潜力，只要你有潜力，他们愿意加入你们，和初创企业一同成长，这也就决定了创业者在向机构非专业投资人提交商业计划书时，一定要将企业和个人的发展潜力充分展现出来。

（三）专业投资基金

现如今，市场上的风险投资公司多种多样，但是大多数的风险投资公司都通过风险投资基金来进行投资。风险投资公司是专业的投资公司，不同于非专业机构投资业务方向的多样化。专业投资机构是由一群具有科技及财务相关知识与经验的人组合而成，他们的主要经营业务就是通过直接投资被投资公司股权的方式，提供资金给需要资金者。

专业投资基金并不以经营被投资公司为目的，只是为企业提供资金及专业上的知识与经验，以协助被投资公司获取更大的利润为目的，是一项追求长期利润的高风险高报酬事业。

风险投资公司除了会设立投资基金积累资本外，还会直接向投资人募集资本用于投资，专业的投资公司本身采用的是有限合伙制形式，投资人就是风投公司的有限合伙人。专业的投资基金公司一般以有限合伙制为主要组织形式，近年来，美国的法律也开始允许企业家们选用有限责任合伙制即有限责任公司的形式作为风险投资公司的另一种组织形式。

美国的红杉资本（Sequoia Capital）可能是世界上最成功的风险投资公司之一。目前红杉资本已经在中国成立了红杉中国基金（见图 1-3-3）。也成就了一批中国风险投资界比较成功的投资人。

日本的软银集团，也被认为是世界上成功的风险投资企业之一，该公司因为投资美国的雅虎网站获利颇丰。日本软银在全球的投资数量超过 600 家公司，在中国投资的公司有阿里、知乎、人人网等。在中国也建有分公司（见图 1-3-4）。

如果说天使投资是有钱、有精力的个人投资，那么风险投资基金则适用于大型的、有潜力的项目。换句话说，专业投资基金提供的融资更多。

创业者在撰写商业计划书之前，应该对风险投资的运营模式有一个红杉资本始终致力于帮助创业者成就基业常青的伟大公司，为成员企业带来丰富的全球资源和宝贵的历史经验。47 年来，红杉资本投资了众多创新企业和产业潮流的领导者。

红杉资本中国基金作为「创业者背后的创业者」，专注于科技/传媒、医疗健康、消费品/服务、工业科技四个方向的投资机遇。十四年来，红杉资本中国基金投资了超过500 家具有鲜明技术特征、创新商业模式、具备高成长性和高发展潜力的企业。

图 1-3-3   红杉资本中国基金网站介绍

关于软银中国资本

软银中国资本(SBCVC)成立于2000年，是一家领先的风险投资和私募股权基金管理公司，致力于在大中华地区投资优秀的高成长、高科技企业。曾成功投资了阿里巴巴、淘宝网、分众传媒、万国数据、华大基因、安翰光电、迪安诊断、理邦仪器等一系列优秀企业。目前软银中国资本同时管理着多支美元和人民币基金，投资领域包括信息技术、清洁技术、医疗健康、消费零售和高端制造等行业。

图 1-3-4   关于软银中国资本

详细了解；熟悉专业投资基金的融资过程，尽可能地去了解创投家对产业的投资偏好，了解他们对项目的评审过程，在商业计划书中发现企业的价值，合理地评估自己的企业价值，认真分析企业从生产到销售、从人员到管理、从产品市场到品牌竞争的优劣势；建立一个清晰的财务体系，以及充分展示企业的诚信度，像推销商品一样将你的企业推销给投资人。

第 2 章

如何让商业计划书
既符合逻辑又好看

　　一份好的商业计划书可以帮助创业者迅速引起投资人的注意，更快地获得融资，而一份平平淡淡、毫无亮点的商业计划书，即使创业者的项目再好，都有可能如同石沉大海，激不起投资人心中的波浪。如何让商业计划书既符合逻辑又好看？首先，企业的创业故事很重要；其次，要用市场调研数据将创业故事落到实处。创业就是既有脚踏实地的务实，又有仰望星空的美好愿景。

一、"故事"很重要

如果有一天创业者登上了一架飞机，突然惊喜万分地发现，马云或者比尔·盖茨就坐在你的旁边，你有把握成功地说服他投资你的公司吗？随时随地随身携带一份商业计划书显然是不切合实际的，但是你可以将商业计划书中你的创业故事讲给他们听。这种情况下与乏味的数据相比，好的商业故事更能吸引投资人。饱满而流畅的商业故事对商业计划书很重要，如何讲述也是有小技巧的。

（一）饱满而流畅的商业故事非常重要

商业计划书中要简单地讲述创业者的创业故事。这部分不要求过多地研究、分析数据，而是讲一讲你是谁、做了什么。创业者在筹备计划书遇到难题时，不妨先来处理相对容易的讲故事部分，回顾一下创业中的艰辛与成果。故事中蕴含的思想对于制定商业计划书也是非常重要的。

一个好故事的关键是故事主角在艰难困苦后有所改变、有所成长。许多商业故事不成功的原因在于，故事中没有人超越了以前的自己，在整个创业故事的最后都没有任何改变。好的商业故事是强大而有力的，许多商业故事往往正是忽略了一个伟大的愿景。

一个饱满而流畅的商业故事要具备下列内容（见图 2-1-1）：

首先，要讲好主线故事：你为什么想建立公司？是如何开始建立的？建立之后又发生了什么？你和你的管理团队是怎么走到一起的？

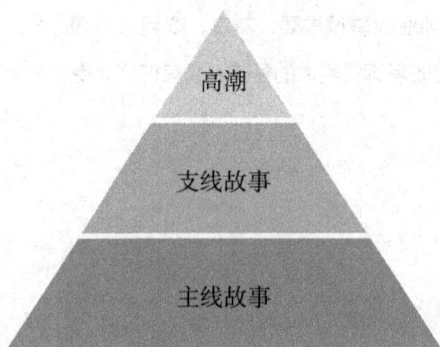

图 2-1-1　商业故事的内容

当然，一个初创企业的商业计划，也必须要研究法律，虽然法律有固定的文本，但涉及股权分配这样的内容还是要多加思考。

其次，要添加适当的支线故事，例如在描述企业产品或服务时，一定要记得先描述企业产品对客户的好处或者痛点的解决。这个明明很重要的话题却很容易被忽略，因为创业者总是认为自己应该将大量的笔墨用于描述产品和服务，却忘了回头看看客户购买产品后得到了什么好处。就像人们购买电钻不是为了电钻本身，而是为了打洞。支线故事能让整个商业故事更加饱满、绚烂。

最后，一个好的故事少不了巅峰——"高潮"，你需要说出自己的竞争优势，有什么是只有你可以获得的其他人无法获得的资源？你的核心优势就是故事的高潮，它可以帮助你击垮对手，就像是巅峰时刻逆袭的秘密武器。在讲述商业故事时，许多创业者犯的最大错误是不显示故事的细节。事实上，创业故事有必要展示故事中的英雄解决了什么样的问题。故事中最令人兴奋的部分就是英雄决定了什么、他的决定是否有助于实现他的目标。

总之，创业者可以用讲故事的方法把这些内容都串起来。着重讲述主线故事，添加支线的细节描写，同时也有高潮的闪耀时刻，这样商业故事也能像小说一样跌宕起伏、引人入胜，让投资人为你的商业计划书埋单。

（二）讲好创业故事的 4 个技巧

着眼于现在的大方向，创业故事的讲述无非两种：一是串联起几个故事，使公司得到之前没有得到的概念，这些概念是正确的市场示范；二是讲一个很大的故事，这种故事可以对公司产生直接影响。

阿里巴巴的创业故事属于前者。为了成功上市，阿里巴巴做了充分的准备工作，如投资新浪微博、高德地图、陌陌、虾米、天弘基金。特别是投资 O2O 属性的业务，可以吸引高黏度的用户进入，抗衡被微信威胁的移动终端。相对其他同级别的大企业来说，阿里对于资本的频繁出手已经驾轻就熟。马云是讲故事的高手，通过串联一些故事，阿里会得到投资者的关注。如果企业在大的市场里讲一个大的故事，虽然投资有风险，但有些投资人仍然会选择铤而走险。

怎样才能像马云一样讲好自己的创业故事呢？除了饱满流畅的故事内容外，讲好创业故事还要有 4 个小技巧，或者说是需要创业者们注意的 4 个要点（见图 2-1-2）。

一	不要像选秀一样煽情
二	你能够为这个世界带来什么
三	什么样的人能够认同你的梦想
四	你的不同之处在哪里

图 2-1-2　讲好创业故事的 4 个技巧

1. 不要像选秀一样煽情

风险投资不是选秀节目的海选，坎坷的经历不能为你的项目加分。很多创业者在写商业计划书时犯的最大的错误就是，以"回首往昔艰难岁月"作为开篇。投资人不是慈善家，不会因为你的悲惨经历而认同你的产品和理念。所以无须过度煽情，以平实的语言叙述创业过程即可。

2. 你能够为这个世界带来什么

换一种说法就是创业者向投资人讲解项目的市场需求，将这种需求化作创业故事的主旨，不需要一再提及，但要处处围绕着需求来写，这样投资人轻易就可以记住你的产品特色。语言表达要简单、朴实，不需要做文采斐然的文学家。

3. 什么样的人能够认同你的梦想

创业者在产品规划之初就要想明白什么样的人会认同你的梦想，会认同你梦想的人就是产品的主要消费群。

产品的客户应该处在故事的核心位置。因为有客户，产品才有存在的价值，产品是为服务客户而生的。客户才是故事中的真正主角，而不是你。

4. 你的不同之处在哪里

不是要你列举产品超高的技术门槛，而是要说明：创始人专注的到底是什么。你所专注的事将会潜移默化地影响到企业文化、招募及防止人才流失的能力，影响创业团队开发的产品。如果你能在商业计划书中体现出这些，同样也能够影响到投资人。

公司的网站或宣传册的故事很少能说服投资者。这些是不应该在商业计划书中传达的故事。投资人真正需要的故事是你的企业如何为消费者服务，创造人们真正需要的东西，以及如何生产出有益于消费者的产品。投资人希望看到商业模式获得更高收入和更多利润的故事，创业者应该告知投资人你最近都做了什么。

商业故事不要讲得太多，太多就会出现泡沫。例如，一些上市公司在热门游戏领域，使用一些炒作手段提高股价获得高额利润，看似推动了资本市场的繁荣，事实上投资人很难真正区分，他们担心与几年前上市的光伏企业相似。这些游戏的背后可能是一地鸡毛。

好的商业故事必须立足于事实，投资人在投资初创企业时非常看重企业创始人和管理者的能力，要让投资人在字里行间感受到企业的创业者是诚实可信的，确实是可以带领企业做大做强、为投资公司取得利益的有志之士。

二、调研市场数据，让故事落地

故事讲得再好，想要让投资人信服还得拿出真凭实据，真实的市场数据就是创业者最好的证据。数据的列举是商业计划书中必不可少的因素，一定要做好市场调研，才能让商业计划书落到实处。接下来将为商业计划书的撰写者介绍调研行业数据的 9 个权威方向以及数据报告在商业计划书中的展现方式。

（一）调研行业数据的 9 个权威方向

很多创业者面对庞大又纷杂的行业调研不知道从何入手，事实上，调研行业数据一般从以下 9 个方向入手：

1. 行业的环境分析

行业环境包括经济、政治环境，人口环境，科学技术环境，社会文化环境等因素。行业环境是对企业影响最大、最直接的因素之一。

2. 行业数据分析

行业数据包括行业的市场规模、增长态势，以及行业在整个市场的占有率等。

3. 行业的生命周期

行业生命周期（见表 2-1-1）包括启动、成长、成熟和衰退四个阶段，衰退期后有的企业经过改革进入再生期，有的企业则会彻底被市场淘汰。企业在不同阶段需要实行不同的策略。

表 2-1-1　行业生命周期

启动期：解决用户认知的问题，重点在于传播
成长期：解决用户转化的问题，重点在于运营
成熟期：解决用户留存的问题，重点在于品牌建设
衰退期：解决产品转型和创新的问题结构分析

4. 行业结构分析

总的来看，行业市场结构类型有完全竞争、不完全竞争、寡头垄断和完全垄断四种。行业结构分析包括行业的资本结构、市场结构，主要是行业的进入障碍、门槛的高低以及行业内竞争程度分析。一般而言，竞争程度越高，投资障碍越低，进入成本越低，产品价格和企业赢利对供需的影响越大，企业失败的风险高，因此投资风险也高。相反，垄断行业具有强大的投资和赢利能力，其投资是有利可图和风险小的，但投资壁垒增加，投资机会减少，企业的进入成本增加。

5. 行业市场分析

这包括行业内市场需求是什么性质、行业的市场容量有多大，以及行业的分销模式等。

6. 行业组织分析

这一部分研究的是企业在行业内得以生存发展的要求，具体体现在企业内的关联性，行业的专业化、一体化程度，以及行业规模的经济水平，还有组织结构变化。

7. 用户研究

行业的目标用户是什么人？群体特质是什么？客户使用时的痛点以及针对痛点，行业内有什么解决方案？

8. 自身 SWOT 分析

SWOT 分析是一种分析模型，主要分析企业的优势、不足、机会以及潜在的威胁，就是将企业的外部形势和内部条件结合起来，多方面进行分析。

9. 结论与定位

调研的早期阶段，所有工作都只是信息收集，是为了找出解决方案。通过分析得出结论，最后给自己进行定位，有利于初创企业在新领域尤其是新产品开发上，在众多的竞争企业中做到差异化，从而利用好资源发挥优势。

（二）生成数据报告及在商业计划书中的展现方式

经过数据调研，企业要对数据进行分析并且作出相应总结，从而生成整洁美观的数据报告。一般来说，数据分析的常用方法有四种：

（1）对比分析法：将调查得到的数据两个或两个以上进行对比性的分析，找出差异，揭示事物发展的本质规律。

（2）结构分析法：将被分析的每个个体与总体进行对比，计算出各部分占总体的份额。

（3）交叉分析法：将两个有一定联系的变量交叉排列，使各变量值成为不同变量的交叉点，一般采用二维交叉表进行分析（见表 2-1-2）。

表 2-1-2　二维交叉表示例

课程	张飞	刘备	关羽
语文	60.9	74	71
数学	76	89.6	83
外语	52.9	55.2	66.5

（4）分组分析法：找出有共同特点的数据，按不同特点将其分组分析。

对于整理后的数据，需要在商业计划书中形成报告展示给投资人看，以获得投资人对项目的支持。展现方式既清楚又直观。有以下几点需要注意：

1. 说明总结的展示方式用表格或图形的形式最为直观。

2. 结论中要分析市场当前的现状和用户对产品的需求点。

3. 报告的组成要有研究的背景、目的、方法、结论等内容。

4. 按照调研时的思路，逐渐完善报告，结论图表化，得出行业市场的发展趋势和发展规律。

数据生成报告后，往往都是以图表的形式展现出来，而可用的图表又是多种多样的。在商业计划书的数据报告中，最常见的图表展现方式有：漏斗图分析法（见图 2-2-1）、杜邦分析图（见图 2-2-2）、矩阵关联分析图（见图 2-2-3）。

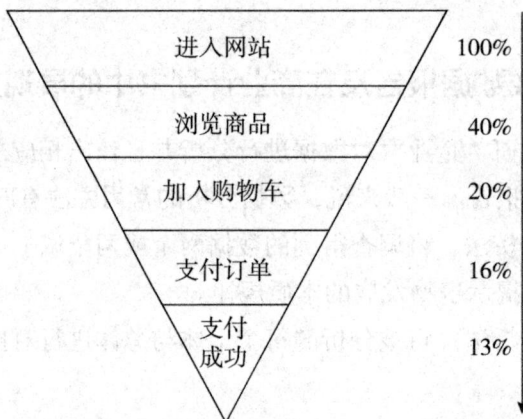

图 2-2-1 漏斗图分析法示例

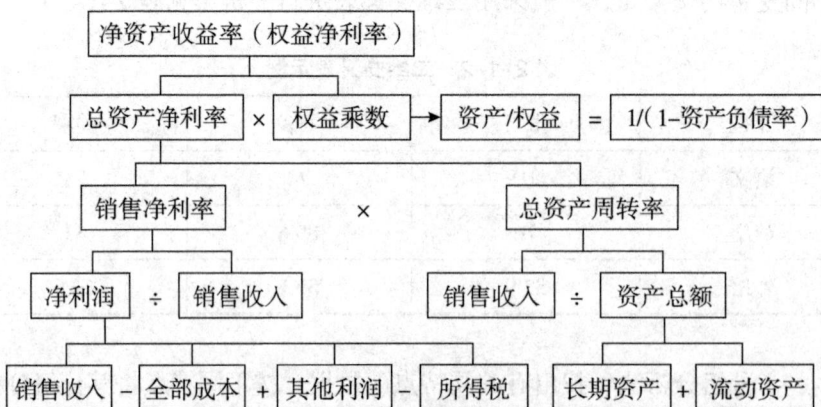

图 2-2-2 杜邦分析图示例

	101	102	103	104	105
101		0.6186429	0.6964322	0.7277142	0.55555556
102	0.6186429		0.5188439	0.5764197	0.8032458
103	0.6964322	0.5188439		0.662294	0.463481
104	0.7277142	0.5764197	0.662294		0.5077338
105	0.55555556	0.8032458	0.463481	0.5077338	

图 2-2-3　矩阵关联分析图示例

　　当然，一份优秀的商业计划书应有既明确又清晰的构架、简洁的语言，又有真实有效的数据分析结果，而不应是简单的看图说话。企业应该结合项目自身的特性及行业的市场环境，对数字下反映出的问题进行清晰的分析和判断，从而在商业计划书中展现给投资人看。切记，企业在商业计划书中要保持一种中立的态度，不要在阐述过程中加入自己的主观情感。

三、商业计划书的撰写流程

　　一份商业计划书一般长度在 20 页左右最为合适，太长会让投资者失去耐心，太短又不能很好地阐释清楚。商业计划书的撰写流程分五个阶段，在撰写之前可以先用思维导图构建整体的思路大纲；然后将头脑中的商业构想细化；展开市场调查，调查同行业的竞争者，对企业财务进行分析，大概估量一下企业的价值；撰写并修改商业计划书，根据收集到的数据规划企业未来的发展战略；并根据数据的积累和市场变化不断地完善整个计划。

（一）用思维导图构建整体思路大纲

　　用思维导图构建商业计划书的整体思路大纲可以帮助创业者更加直观地了解都要写些什么。要建立起一个清晰的思维导图，首先可以从较为简单的公司介绍入手。一般情况下都是用树状的父子层次结构来构建，下面以图 2-3-1 为大家做个示范：

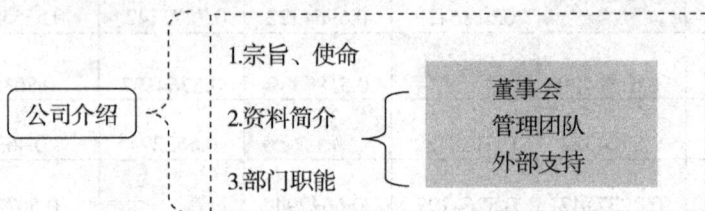

图 2-3-1　公司介绍思维导图

通过树状的父子层次结构来构建思维导图，企业的整体思路大纲也会显得比较清晰。通过整理后，大家可以发现企业的整体思路大纲在一般情况下，除了公司介绍以外，还包括另外 9 点内容。

（1）介绍企业的技术与产品。

①描述技术及技术的持有情况。

②描述产品状况，包括产品的目录、特性、产品简介、产品的知识产权策略以及产品的研发阶段。

③产品的生产产业链，包括资源原料供应、企业的现有生产力、原有设备、需添置设备、产品质检、标准、成本以及产品的包装与储运。

（2）产品的市场分析，包括产品的规模、目标市场的设定、产品消费群体的消费方式、目前公司产品的市场状况、行业内预测市场机会以及行业政策。

（3）企业的竞争分析，包括有无行业垄断、竞争者市场份额、主要竞争对手情况、潜在竞争对手情况以及产品的竞争优势。

（4）产品的市场销售策略，包括营销计划、营销政策的制订、营销渠道、方式，主要业务情况，销售队伍情况，产品促销方式以及产品的价格方案。

（5）说明企业的投资需求，包括资金需求、使用计划、投资形式、偿还计划、股权成本以及投资者介入公司管理程度。

（6）投资报酬与退出机制，介绍股票上市、股权转让、股权回购和股利分配的机制。

（7）分析投资风险，包括资料风险，市场不确定风险，研发、生产的不确定风险，成本控制风险，竞争、政策、财务、管理风险以及最后破产的风险。

（8）企业管理，包括公司组织结构、管理制度及劳动合同、人事计划、薪资福利方案以及股权的分配计划。

（9）未来的经营预测。

最后商业计划书的附录中应该有财务分析报表，财务分析包括财务分析说明与财务数据预测。财务数据的预测应该有销售收入、成本明细、固定资产明细、企业的利润分配、财务指标分析等内容。

（二）纸面草稿，逐点审定修订

在有了思路之后，切记不要着急做 PPT，创业者最好先在草稿纸上将每一页 PPT 想要表达的中心思想用简单的构图写下来，有了一个大概的提纲再着手去做 PPT，这样可以节约很多时间，商业计划书呈现的内容一定要清晰有逻辑，按照前文制定的思维导图去填充内容。商业计划书的制作就像导演拍电视剧一样，把每个镜头的内容都先用笔写下来，然后和创业团队一项一项地讨论、修订商业计划书的内容。

这里要再次强调商业计划书的重要性，有关统计表明：在经过投资人的一系列评估后，100 个企业的商业创意中只有 3 个左右被投资人认为有价值，可能有机会获得投资人的资金支持；而这 3% 的商业投资项目中 80% 的企业在创办后的头三年内会失败、倒闭、破产或因企业经营不善而转手他人或被大企业并购。真实的数据在告诉广大的初创企业的创业者，任何的商业创意在得以实现之前必定会经过严格的评审程序，制作商业计划书就是在完成这一评审过程。

公司至少应该每年修改两次商业计划书，根据当前的经济状况订正商业计划书的前提和背景。我们无法预见未来，但我们可以控制这个过程。领导者必须重新审视自己的商业计划，做出相应的修改。修改商业计划书可以从以下几个方面着手：

1. 实事求是

不要在商业计划书中表现出一个一点瑕疵都没有的完美企业。最好不要隐藏自己的弱点而是要表现真相。创业者经常避免谈论他们不知道的事，但在商业计划书中表现得诚实一些总是对的。

2. 小处着眼

事实上，无论全球经济繁荣还是经济萧条，中小企业都在蓬勃发展。一个好的领导者不会拘泥于企业规模，而是从小处着眼，寻找消费者（即使是少数消费者）并将产品出售给消费者。也许产品还不够成熟，但这是初创企业在发展过程中必须经历的过程。

3. 富有创造性

商业计划书的修改要富有创造性，像哈根达斯这样的公司与水果等农产品有很强的相关性，随着蜜蜂数量急剧减少，产量的不确定性也在增加。为此，哈根达斯开设了一个收集蜂蜜的网站，希望能引起公众的注意，筹集资金来化解这场危机。

4. 及时回顾过去

当乔布斯于 1997 年回到苹果公司时，通过回顾公司多年来的发展，乔布斯决定将企业业务专注于"下载便携式音乐"。这个决定关乎苹果的生死存亡。苹果真正的不确定性在于音乐产业能否顺利发展，消费者是否可以认同苹果的音乐服务。现在创业者也需要重新考虑产品是否仍然具有竞争力。缺乏时间意识是创业者缺乏创造力的重要原因。

5. 市场时机

市场经济的衰退时期，其实是创新的好机会。没有创造力的公司无法保持核心竞争力。摩托罗拉就是一个令人惋惜的例子，摩托罗拉无法申请到长期创新所需的投资，难以再现原有 RAZR（刀锋）手机的辉煌时代。因此创业者要根据市场的变化，修改商业计划书。

6. 关注现金流

初创企业需要时刻专注于企业的现金流，如果销售量增加，公司的现金流反而减少，销量的增加就没有意义。企业家必须逐步控制现金流，可与债权人协商，看看可不可以打折，或者催促欠债者尽快还债。

7. 聘用临时工

虽然大多数的企业家都认为派遣工人不易管理，但从公司的角度来看，临时工是灵活的。雇用临时工来完成必要的短期工程比雇用全职工作人员要好，因为他们无须支付额外的福利等费用。英国和美国的失业率在逐年上升，大公司的崛起屡屡受挫，小项目和流动性项目的市场正在扩大。创业者在做商业计划书时可以考虑多雇一些临时工。

8.重新界定支出

根据公司发展情况的不同，商业计划书的财务计划也要加以修改，如果企业亟待投资，则娱乐和旅行的预算就应该减少。创业者需要重新审视先前的工作，预测一下预算减少会发生什么。例如，某服务行业经理往年前往温布尔登的随行人员是 10 名，今年减少了 3 名。这真的会影响工作进度吗？实际上并没有。

如果你真的明白了商业计划书的重要性，那你就会明白罗马不是一日建成的，商业计划书也不能一蹴而就，而是要反复修改、细细打磨，根据自己的发展目标逐一梳理，该补充的内容补充完整，该修改的内容修改彻底。

在初次审核通过后，以后每次见投资人时，投资人都有可能针对项目提出新的问题，下一次再见投资人时最好能针对上次提出的问题对计划书进行相应的修改再拿给投资人看。

创业者掌握的情况也是在不断变化的。要根据最近的行业情况，逐点审定修改计划书。这不仅是对投资人的重视，也是对自己的负责，反复修订之后，你的 BP 才会逐渐完善，投资人对你的认可程度才会越来越高！

四、讲演 PPT 制作要点

据不完全统计，风险投资行业的投资人平均每天会收到来自各行各业的 BP 70 份左右，而这 70 份中只有 7 份左右会受到投资人的重视，成为这场浪淘沙的幸存者。投资人阅读每份商业计划书平均时间不到 4 分钟。初创企业撰写商业计划书建议使用 PPT 以节省投资人的时间。有的幸运儿用一张纸的商业计划就能拿到上千万的投资，有的企业靠着一份 PPT 也能借到资本这场东风。初创企业如何获得投资人的青睐、坐上资本这艘大船？一张纸可能不够用，那就来一份 PPT 吧！

（一）至多不超过 20 页，避免过多专业用语

商业计划书的 PPT 观众是所有的投资人，所以 PPT 的篇幅不要太长，一般情况下 10 页左右的 PPT 长度恰到好处。如果 10 页左右说不清楚，最长也不要超过 20 页。投资人饱览无数的 PPT，他们想看的只有重点，他们认为如果在 10 页之内都说不清楚的项目，繁杂又冗长，没有太高的投资价值，如图 2-4-1 所示。

在 PPT 中能用一句话说清楚的就尽量用一句话来表达：

一句话解释这个想法的起源。（商业计划书的切入点）

一句话解释市场的需求。（商业计划书中的市场展望）

一句话描述产品满足了什么需要。（计划书中的产品介绍）

一句话描述市场上还有谁提供这些需求。（计划书中的竞争对手分析）

一句话描述你的产品比竞争者的强在哪里。（竞争优势分析）

一句话告诉投资人你如何做到比他们强的。（产品研发）

一句话介绍你和你的创业团队。（团队优势）

图 2-4-1　商业计划书 PPT 示例

不想当将军的士兵不是好士兵，不能用 10 页 PPT 讲明白的项目不是好项目。在这 10 页 PPT 里，要说清楚企业的项目是做什么的，还要把企业的发展定位、价值观的导向、发展蓝图等相关内容阐释清楚，在语言上

尽量简洁精练。比如，项目的介绍方法可以用数字来展现，如一个每年能够节约 100 度电的节能灯；也可以用类比的方法，如一个化妆品界的 LV；还可以将产品的发展愿景、产品的卖点直接介绍出来，如打造全中国用户最多的搜索软件。

通常情况下，我们将特定领域中特定事项的统一行业用语称为专业术语。不同的行业有不同的专业术语，当用于同一行业的交流和沟通时，使用专业术语将摩擦出智慧的火花。但是如果同外行的投资人进行沟通，在商业计划书中使用专业术语，会造成得不偿失的后果。

所以除了避免过长，商业计划书还要避免过多的专业术语，虽然投资人往往都博闻强识，但你所在的行业他不一定了解得那么透彻。也许还恰恰是他所不了解的。我们通常所说的要用专业知识让投资人信服，确实是这样，在与投资人进行沟通时，创业者需要做到的是将专业术语转化成通俗易懂的话语，这样会让行业外的投资人更容易接受。

一份好的商业计划书应该让普通大众也能看明白，避免术语和缩写词的使用。要记得投资者也是普通人，商业计划书要尽可能地简单明了。

（二）每张片子都有要点，越是重要的内容越靠前

因为 PPT 的页数最好控制在 10 页左右，这就决定了不可能所有的信息都出现在 PPT 上。无须用太多的内容来使你的 PPT 显得有多么充实，10 页就足够了，太多的内容反而会让人无法记住重点。

所以每张 PPT 都应该是有意义的，有要点、有内容，并且越主要的内容应该越靠前。PPT 的作用是给演讲者提供一个清晰的说明思路，绝对不是让演讲者照着念。因此只要展现出关键字，在演讲过程中能起到提示的作用就足够了。如果想更吸引人的眼球可以将演讲形式丰富起来，帮助观众更好地领会商业计划书中的要点。PPT 上要凸显的主要内容包括以下几个部分：

1. 题目

商业计划书的题目是整个 PPT 的第一页，开头就要惊艳投资人，"×××公司商业计划书"这种标题千篇一律，毫无新意，没有特色。商业计划书的 PPT 题目可以从企业的定位、项目的特色等角度切入，在第一页就展示出自己的亮点，图 2-4-2 所示的农夫山泉的商业计划书 PPT 标题。

图 2-4-2　PPT 题目示例

2. 项目介绍（见图 2-4-3）

图 2-4-3　项目介绍示例

在项目介绍中尽量用简洁的语言讲明白，企业是做什么的，可以用简单的概念、数字展现、类比等方法介绍项目。

3. 市场痛点（见图 2-4-4）

图 2-4-4　市场痛点示例

消费者尚未解决的需求问题如饮用水的安全问题、空气质量差，都是市场的痛点，目前始终没能很好地解决，且关乎老百姓的健康问题，市场问题将长期存在，市场竞争也会不断加剧。

4. 市场规模（见图 2-4-5）

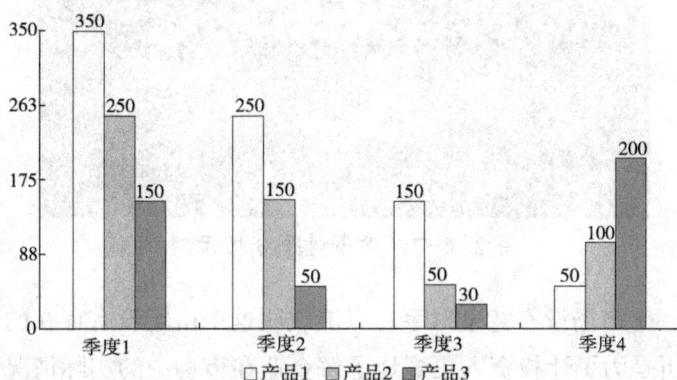

图 2-4-5　市场规模示例

想象一下，产品的市场空间有多大？分析产品的市场规模，让投资人相信项目的发展潜力是巨大的。用有权威的数字作为证据，不要说假大空的话。要有理可依，让人信服。

5. 商业模式（见图 2-4-6）

图 2-4-6　商业模式示例

商业计划书的商业模式即企业是如何赚钱的，投资人关心的重点，都和钱有关。初创企业的商业模式一定要有价值。

6. 竞争对手分析（见图 2-4-7）

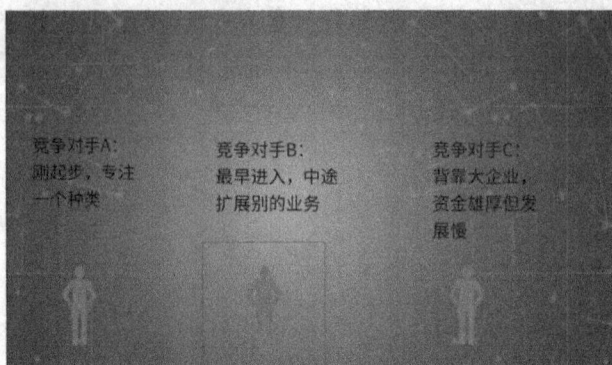

图 2-4-7　竞争对手分析示例

如果一个市场没有竞争对手，只能说明这个市场没有存在的价值。竞争对手分析是为了让投资人更好地了解企业在市场中的实际情况。可以用一些技巧合理地凸显自己，让投资人清楚自己的投资价值。

7. 核心竞争力（见图 2-4-8）

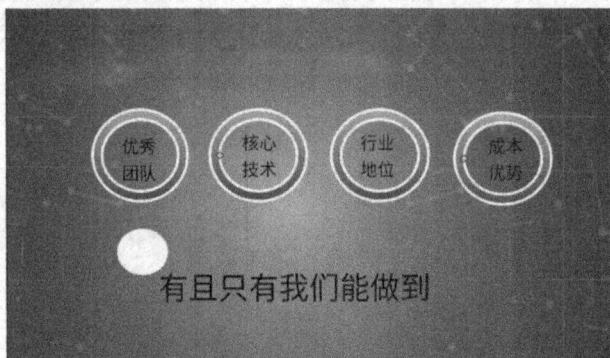

图 2-4-8　核心竞争力示例

众多的项目中，投资人为什么要选择你？你的核心技术是什么？是优秀的团队还是独家的专利技术？要让投资人觉得你有过人之处，这事只有你们团队可以干，并且一定会成功！

除此之外，还有企业的发展规划、融资需求、团队介绍等内容，每一项最好能用一页 PPT 体现出来。将这些重要内容体现出来即可，其余信息不必全都做成 PPT。

（三）少文字，多图表，可视性强

PPT 只要保持简单，适度的排版美化即可，不要让幻灯片喧宾夺主，PPT 的颜色尽可能地简单朴素一些，不要过于花哨。商业计划书不同于时尚杂志，不必过于花哨，将商业计划交代清楚最为重要。

最好用图表和数字来阐述，幻灯片应该留有大量的空白，或者在实体周围留有空间。

在投资人眼中什么最有说服力？不是辞藻华丽的文字叙述，而是真实可信的数字最有说服力。你的产品有多少客户？这些用户中有多少是忠实用户？你的网站有多少 PV？产品的宣传效果如何？投资人可能没有办法去亲身体验你的产品，运营数据就是除了产品以外最直观的一种体验。

创业者在编写商业计划书时要获取准确的行业数据，了解投资人的阅读习惯，商场如战场，知己知彼才能百战不殆。事实胜于雄辩，用数字图表来说实话，能迅速地给风险投资人留下深刻印象。

商业计划书要开门见山，拿出亮点才更有吸引力。采用简洁的标题和序言，避免在商业计划书中一般性和大段的铺垫，用简要的文字描述商业计划书的内容，语句流畅，描述严谨、准确，层次齐全。

为了更好地表达结论，在文字叙述的基础上还需要添加一些更加直观的图标，将实验数据、论证材料、计算结果等，以图片或表格的形式呈现在 PPT 上，以增强商业计划书报告的说服力。

尽可能多用图表，少用文字（见图 2-4-9）。虽然大段的文字描述看

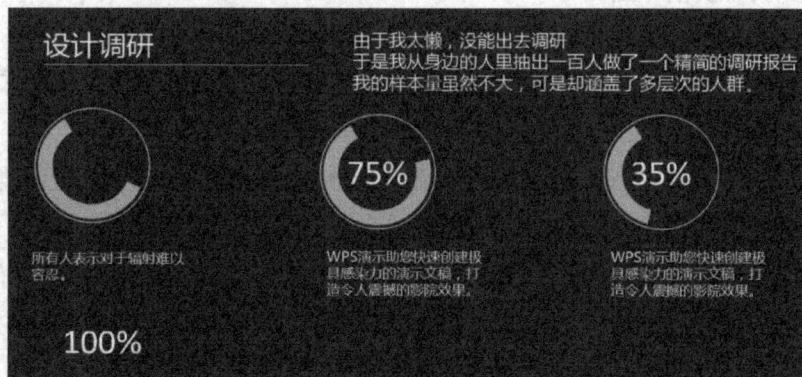

图 2-4-9　PPT 表格示例

起来更容易把一件事情讲清楚，但一页 PPT 上存在大量文字会让投资人抓不住重点，冗长的叙述也会令投资人失去耐心。相比文字，图表的可视性更强，并且可以更直观、简洁地表达出想要重点突出的东西。

（四）不造假，但要学会适度美化

"山不在高，有仙则名；水不在深，有龙则灵。"商业计划书的好坏不在文字的多少，即便你的每一个章节都面面俱到，关键内容却不清不楚、含含糊糊，到头来很可能还是白忙一场。能够将问题分析得鞭辟入里才是投资人看重的一种能力。

商人对数字尤其敏感，商业计划书中数字的真实性尤为重要，市场调研得到什么结果就是什么结果，千万不能为了提高融资率而去造假。但漂亮的东西人人都喜欢，在保证真实性的同时，我们也要学会对商业计划书进行适度的美化。

例如，适当罗列运营数据，可以在计划书中展示一些量级和产品销售的数据里程碑。比如，某某软件上线两个月，下载量已经达到了百万次，在排行榜上名列前茅。如果产品有具有竞争力的数据，那就要在投资人面前"炫耀"一番，在 PPT 上把数据亮出来，这有利于增加创业者的底气，引起投资者的兴趣，进一步提高双方谈话的兴趣。

内容有了，PPT 的"颜值"也要跟上去，制作 PPT 时可以对排版、颜色进行适度的美化，很多网站上都有 PPT 的模板，可以从中选择一个既简约又美观的模板（见图 2-4-10）。

PPT 有哪些美化技巧呢？

（1）动静结合——利用 PPT 软件自带的动画效果可以给观众动态感，吸引观众的注意力，给人灵活的空间感的美。

（2）图文并茂——建议商业计划书的 PPT 图版率在 80% 以上，插图比文字更具有亲和力，数据表格也更显专业。

（3）适合的图片——图片的颜色、大小要适合。PPT 的背景要适合商业计划书的表现主题，简洁大方即可，避免花哨的颜色和过多图案的 PPT 背景。

（4）颜色搭配——一张 PPT 上除了黑色和白色，最多只能搭配三种颜色。

图 2-4-10　商业计划书模板

　　总之，一份优秀的商业计划书 PPT，首先还是要突出重点，讲明白问题，在此基础上可以对计划书的排版、文字叙述做适度的美化，使商业计划书从内容到排版都让人眼前一亮，既有"颜值"又有内涵。

（五）针对投资人问题不断改进

　　如果初创企业的商业计划书过了第一轮海选，投资人可能会联系企业进行下一步的沟通交流。在交流过程中随时都可能有新问题出现，商业计划书也要针对投资人的问题不断改进。

　　首先，我们可以先系统性地了解一下投资人比较关注的要点，大多数投资人比较关注企业产品的用户数量、产品的日新增用户数量、客户的留存率、用户在产品上的停留时长，以及产品的使用频率、同类竞争品的情况、产品未来发展方向与空间等，可以根据不同类型的产品进行叙述，给投资人看到他想要的重点。

　　随着双方交流接触的不断推进，投资人提出的问题可能会越来越具体、越来越细致入微，关注的重点也有可能会改变。这就要求创业者的商业计划书也要有所调整。每一次与投资人交谈后都要做好记录，根据记录上投资人提出的新问题想出解决办法，及时改变重点，在突出重点的同时还要关注细节。这些细节性的问题即使不体现在商业计划书上，创业者也要做到心中有数，以应对投资者随时可能提出的新问题。

PPT制作软件-PPT制作软件排行榜-极速下载

软件名	下载次数	好评率	大小
1 WPS	11847	99%	71.9MB
2 Office	7218	93%	5.7MB
3 WPS Office 2019	2461	90%	102.14MB
4 PPT美化大师	5326	88%	32.3MB
5 福昕pdf编辑器	5179	81%	108MB

图 2-4-11 常见的 PPT 制作软件

随着 PPT 商业用途的不断增多，互联网上制作 PPT 的软件也越来越多，有些软件需要收费，有些软件可以免费使用，收费软件的功能相对强大，模板也更多一些，创业者可以根据自己的个人喜好选择 PPT 的制作软件（见图 2-4-11）。需要注意的是，修改完商业计划书还要修改商业计划书的 PPT 版本，PPT 和 Word 版本需要保持一致。PPT 版本由于格式问题，改动起来比较麻烦。很多创业者为了方便路演，将 PPT 输出为不可改动的版本，这种方法是可以的，但是原始版本一定要保存下来方便后续的不断修改。

如果没能成功地得到投资，也不能就此放弃，而是要寻找下一个投资人。这个时候，上一次撰写的商业计划书就不一定适合这次的审核。为了保障融资的成功，创业者最好重新了解调查一下投资人的投资喜好，将上一次的商业计划书进行修改或者重新撰写一份新的计划书，总之，没有完美的商业计划书，但是创业者可以通过一次又一次的修改，使商业计划书日臻完美。

五、从投资人视角撰写商业计划书

前文中已经提到过，一份商业计划书的第一个投资人其实就是你自己。创业者要从投资人的视角撰写商业计划书，并在写完之后进行自检：如果我是一个职业投资人，这份商业计划书对我有没有吸引力？我会为这份计划书埋单吗？这就需要创业者用投资人的思考模式来思考问题，了解投资人及其投资基金的诉求和周期，分析投资人的投资习惯。

（一）投资人的基本思维模式

要想站在投资人的角度思考问题，就要对投资人的思维模式有所了解。随着市场制度的不断完善，投资人也更加专业化，一个合格的职业投资人绝对不会只有一种单一的思维模式，他的思维模式一定是多角度、全方位的。一般来说，投资人常常会有以下几种思维模式（见图 2-5-1）：

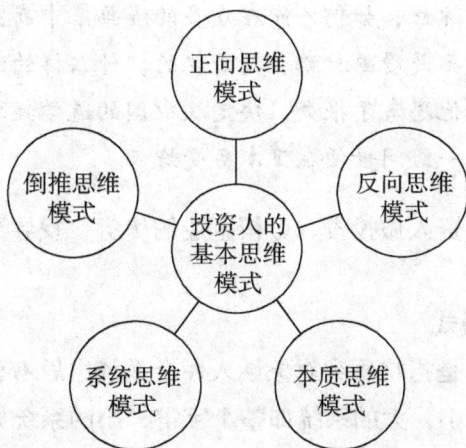

图 2-5-1　投资人的基本思维模式

1. 正向思维模式

所谓的正向思维模式就是沿袭常规的思路去分析和思考问题，按照事物发展的前进方向进行思考。由已知的企业现状进而推论到未知，从而预估企业未来的发展。这种思维方法是投资人最常见的一种思维模式，是一切逻辑推理的基础。

2. 反向思维模式

日常生活中正常人不常用这种模式来思考问题，因为这种思维模式推理过程较为复杂，但对于职业投资人常有出人意料的效果，现实生活中很多的问题仅凭正面思考很难找到答案，但反过来想，往往会灵感凸显，有醍醐灌顶之感。如果你想要知道如何才能获得幸福，就去想发生哪些事情会让你不幸福，只要避免那些事情的发生不就幸福了？投资者想选择一个值得投资的好企业，可以先去思考坏的企业具备哪些特点，不具备这些特点的不就有可能是一个好企业吗？

3. 倒推思维模式

倒推思维模式听起来和反向思维很相似，实际二者是有区别的。倒推思维模式是先想象出终极目标，从终极目标倒推，每一步该怎么做。这种思维模式不好理解，以一个小故事为例：

> 台湾有一位漫画家蔡志忠，他三十六岁时到了日本，发现日本的漫画界高手林立，如何才能在众多的漫画家中崭露头角呢？他先思考什么样的漫画是漫画社都会抢着要的，什么样的漫画又是日本漫画家所不会的？他思考了很久，决定从中国的道学经典《庄子》开始入手，他的漫画一经问世便在日本备受好评。

经验老到的投资人做投资、分析企业的优劣、找寻买点也经常用这种逆向思维来思考。

4. 系统思维模式

系统思维模式是指将研究对象纳入一个系统去思考分析。系统是无处不在的，它可大可小，大的系统如整个宇宙，小的系统如肉眼看不见的微生物生态系统，各个要素互相联系、彼此影响，构成了整个系统。系统的思维模式可以帮助我们更全面地去理解事物。投资人在研究企业的商业计划书时，可以同时用几个系统进行观察，如企业的上下游产业链系统，或者同行业的竞争系统。

5. 本质思维模式

本质思维模式是投资人研究企业最先用到的，投资人经常练习，就可以一眼看透事物的本质。这种思维模式的特点就是多问为什么，比如如何做好投资？什么样的企业算是一个好企业？怎样才能找到好的企业？资金投入到怎么样的企业中，资产的回报率高？在问完几个问题后，就会直指问题的本质。

除此之外，投资人在长期从事该行业后还会形成本能的思维模式，对什么样的公司值得投资有一种直觉的判断。无论什么样的思维方式，投资人最根本的出发点还是赚钱，创业者可以学习一下投资人的思维模式，写出一份符合投资人口味的商业计划书。

（二）了解投资人及其投资基金的诉求、周期

或许在很多外行人的眼中，投资就是在众多项目里找到一个好项目，把钱投出去。但如何发现并判断出哪个项目值得投资，却要有一个漫长的经验和阅历积累的过程。职业投资人绝不是一个来自知名学校的高才生就可以做的。一个优秀的投资人，必定是在长期的锻炼之中成长起来的。

在投资圈，有一种现象叫作"be ready"，指的是当投资人在看了某一行业的 100 个项目以后，一个都没有投，但在审阅这 100 个计划书的过程中积累了大量的经验，这种积累能让投资人在看到第 101 个项目时，迅速判断出这个项目是好是坏、值不值得投资。

创业者在撰写商业计划书时要了解投资人及其投资基金的诉求、周期。投资人往往只能锦上添花，少有雪中送炭。投资人的钱也有成本在，不是用来做慈善，看谁需要就投给谁，投资的本质目的是挣到钱，专业的投资公司本身也需要成长。

所以，企业家们不要说："我最穷，最需要钱。"而应该说："我们一起赚钱，我们有实力又肯努力，你再不决定我们就和别人走了。"创业者们可以设身处地地思考，如果你是投资人，你会选择一个朝不保夕的企业吗？除非你是企业的股东，不得不救。如果这家企业和你没有任何关系，你凭什么去救它？慈善家做慈善尚且要选择对象，况且是商

人呢！

创业者在撰写商业计划书时要了解投资人及其投资基金的诉求、周期。不同类型的投资人有不同的诉求，根据投资人的诉求，可以看出投资的本质是：我志愿加入你所领导的有美好明天的事业中来，我在你创业之初给予小小的支持，你在未来给我大大的回报。

1. 专业机构

专业机构的 VC 投资逻辑各有重点，有的人只认从哈佛、北大等名校出来的高才生组建的创业团队；有些投资者只认技术，要么投硬技术，要么投会对人类社会的命运做出改变的重大技术；有些投资者愿意投品牌，他们认为客户对品牌的认可度是决定企业能否成功的重要因素。还有些投资者根据逻辑寻找项目，假设投资者认为教育行业在上升期，教育培训的市场已经满了，但是教辅材料或者文具用品，肯定要跟上。有了这个逻辑后，投资者就根据这个逻辑寻找项目。

2. 券商直投

券商直投要看企业上市的可能性，如果企业不具备上市的潜力，那么投资者也不会再回应企业。但是如果企业能上市，券商就进行投资，而且他们还会给企业做辅导，像带孩子一样，无微不至地带其成长。

3. 个人天使

个人天使投资相对来说比较感性。有些投资者甚至凭眼缘，如果初创企业在最早期能遇到个人投资者，只要对你的事业有帮助，不妨去认识一下，没准缘分到了，投资也到了。

对于创业者，投资其实是一个煎熬，从天使轮到 A 轮，再到 B 轮都是很大的煎熬，浪费了大量的时间和精力，还不一定有什么好结果；但对于投资者而言，投了钱进去害怕竹篮打水一场空，没有投钱又会担心错过了赚钱的好机会，也许在商场中从来没有容易的事。

（三）分析特定投资人既有项目及其个人习惯

初创企业的资金来源渠道多种多样，一般有以下几种类型（见图 2-5-2）。

以亲人朋友投资、VC 和 PE 基金、行业战略投资人为例，分析一下个人习惯。

Family & Friend
VC基金
PE基金
个人天使
行业战略投资人
券商直投部门

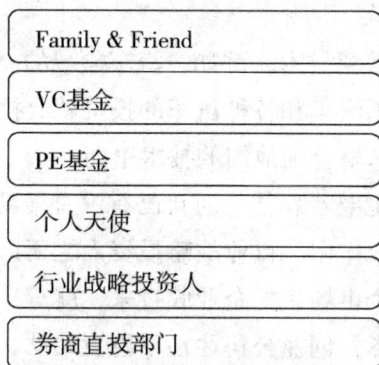

图 2-5-2　初创企业资金渠道

1.Family & Friends

创业者的家人和朋友因为熟悉创业者，相信创业者的人品和能力，所以不计条件来支持初创企业，这种资金来源是创业者可以依靠的力量。事物发展壮大起来都需要一定的时间，不要急于求成，脚踏实地地往下走。

有了亲戚朋友的资金支持，就是一个很好的起步，你做得越好，事业有了起色，就会有越来越多的资源投入进来。创业是一个从无到有的过程，天上不会掉馅饼。即使是亲人也要给他们一些理由，一定要做出一些事情，让大家觉得你能成，把钱投给你不会亏本，只有这样这个事才可以成。

2.VC 基金和 PE 基金

VC 和 PE 虽然都是基金投资，但投资习惯各有特色。PE 是一个看数据的行业，所以 PE 要用 DCF（现金流量贴现法）模型做预测（见图 2-5-3）。

$$P = \sum_{t=1}^{n} \frac{CF_t}{(1+r)^t}$$

DCF

式中：P—企业的评估值；
　　　n—资产（企业）的寿命；
　　　CF_t—资产（企业）在 t 时刻产生的现金流；
　　　r—反映预期现金流的折现率。

图 2-5-3　现金流贴现法的基本公式

相比之下，VC 显得更随意一些，或者说看问题的角度更多样。他们认为预测只能估算出一个大概方向，而企业在发展过程中随时可能转型。

3. 行业战略投资人

行业战略投资人重视技术。例如，汽车领域的一些技术公司，只要做出来一点成绩，新能源汽车和各种汽车的投资就会接踵而至，甚至会要并购整个公司，将新技术整合到他们的技术里面。

行业战略投资人主要看新技术对自己有没有帮助，对从事的主要领域有没有一个协作、增效作用。行业战略投资人之所以选择投资，是因为企业的新技术占据了这个市场，把企业收过来，就等于收购了这个市场。但是，在新技术初生之际，创业公司往往不愿意站队，因为企业还没有真正做大，估值基本不高。

第 3 章

如何完美展现公司
现状与业务背景

———

　　一份优秀的商业计划书，要能够帮助创业者监管、度量企业的商业模式和发展现状，加深员工对企业的理解，还要展现公司现状与业务背景，吸引到风险投资者。如何完美地展现公司现状与业务背景？可以从公司的定位与愿景、业务背景和产品的市场现状几个方面重点分析。

一、公司的定位与愿景

初创企业的公司的定位和愿景体现着公司现状，决定着企业未来。企业定位就是从企业环境、管理团队、企业文化等企业特色入手，建立良好的企业形象和巩固企业优势地位。企业愿景则是企业的发展方向及战略定位的体现。明确企业定位、构建长远而美好的企业愿景对企业的发展有重要意义。

（一）公司定位：能一句话说清的才最有力

由于商业计划书的篇幅限制，表达阐述最好简洁明了，一步到位。公司定位也最好用一句话阐释清楚。例如，美国的宝洁公司（见图3-1-1），旗下有一系列清洁洗护用品，他们对自己的企业定位是"超一流的日用工业品生产商"。再如，我们耳熟能详的可口可乐公司，形成的企业定位是"生产富有可口可乐公司特色的、充满美国文化的实力雄厚的生产质量卓越的多种饮品超级跨国公司"。

图 3-1-1　美国宝洁

企业定位是确定企业在行业市场和客户心中的形象和位置。企业生产什么产品或提供什么服务？为什么人服务？有什么特色？初创企业可以通过产品定位三要素来完成对企业的定位。

（1）做什么：对企业产品进行综合性、概括性的描述，它解决了用户哪方面的需要？让用户知道产品的价值。用几个字来说明自己做什么，不要连篇累牍，比如，麦当劳就是卖快餐，海尔集团专注于家用电器，无须像产品说明书一样介绍产品。

（2）做给谁：有两种方式明确产品的用户群。一是主观设定：先目标用户，根据目标用户的特征确定产品定位，如爱马仕、宝格丽等奢侈品品牌专注于高端消费人群。二是客观确定：通过调查研究分析用户需求的强度区分不同目标用户群，如手机行业通过新机购买和换购，区分出高端手机用户和中低端手机用户两大类。

（3）做成什么样：在产品诞生之初就要对产品发展的目标有一个清晰的高度。可以找同行业的成功企业作为参照物，有了参照物以后可以避免在发展的大方向上出错，并逐步地建立起自己的核心竞争力。比如，初创企业是一个房地产行业，创业之初可以立下一个大概的发展高度，在多少年内力争成为像恒大集团那样的房地产巨头。

企业定位是企业决策的第一步，也是最重要的一步。一旦定位错误，会在人力、物力、财力上造成巨大的浪费，严重影响创业团体的自信心。比如，同为资讯类的企业，产品定位也要各有特色。今日头条"你关心的，才是头条"与网易新闻"最有态度的新闻资讯"产品定位不同，受众不同，企业的运营方法也会不同。初创企业要明确企业的定位，并用一句话在商业计划书中阐述清楚。

（二）Idea：创立公司的出发点

很多企业家创立公司的出发点，往往是想到了一个好的点子。点子大多是灵光乍现，受身边的事物启发而产生，创业点子也不例外。好的创业点子要能够填补身边的市场空缺。以近年来风靡全国的共享单车为例，它能成功融到一笔笔资金正是基于一个创业金点子（见图3-1-2）。

图 3-1-2　共享单车

共享单车刚刚出现时也曾饱受质疑，甚至很多业内人士都不认为共享单车会取得成功。但是事实出乎意料，这些共享单车的初创公司很快就拿到上亿美元的投资，紧随其后的还有共享电动车、共享充电宝，共享经济一时风靡全国。为什么共享单车可以迅速地得到资本市场的支持呢？

首先，从政府的政策层面上看，自然环境的污染越来越严重，政府倡导绿色无污染的出行方式，不同于对滴滴打车的抗拒，各地政府支持共享单车的发展，鼓励共享单车大范围推行，不仅会在一定程度上缓解交通压力，还有利于营造环境友好型社会。

其次，从用户的个人需求上看，人们越来越向往健康的生活模式，骑单车不仅可以锻炼身体，而且相对于私家车成本更低，短途的出行更为顺畅。但让大家都买单车却不现实，因为单车用的机会少，存放也不便利。这就出现了一个很大的市场空白。创业者发现了这一空白，用共享的模式极大地满足了客户的需求，解决了不少上班族从地铁口、公交站到公司最后一段距离的问题。

最后，盈利模式上，共享单车应用了互联网盈利模式，即通过免费或极低的价格打破原来封闭的商业模式。除了共享单车外，淘宝、支付宝应用的都是这种模式。产品无须付费，免费使用。这种模式刚刚出现之时很多人都不理解，但现在事实证明这种盈利模式无疑是成功的，且正逐渐成为互联网行业的大趋势。

可能很多人都不理解共享单车是如何赚钱的。核心之一就是资本运作，以共享单车为例，一辆单车的成本大约 300 元，注册时用户需要支付 100 元的押金，用户不再使用该应用申请退款时押金再退还给客户。假设有 20 万辆共享单车投放到市场上，需要企业投入 6000 万元资金，按每辆单车服务 10 个客户来算，总共就有 200 万用户，它的押金数量达到了整整 2 亿元。再加上单车的使用费 1 元 / 小时，半年就能收回成本。用 2 亿元押金去做投资，假设投资每年可以获利 15% 的话，就有 3000 万元。

由此来看，这种模式只要有客户就是稳赚不赔的，并且是投资越大，收益越多。当市场上出现一块空白时，最先进入这块空白的企业可以迅速形成市场垄断，依托互联网这个天然的垄断行业，第一二名之后的创业公司几乎不可能生存。所以，现在街道上随处可见的共享单车还是起初抢先进入市场的那几家。.

共享单车并不只是一个创意点子，而是巨大的行业机会。初创企业的现状往往是缺少资金，人员也不足，大学生创业团队更是连经验都不足。在这种情况下凭什么吸引到投资呢？只能靠项目自身去打动投资人。如果你的点子足够好，即使没有经验，投资人也会愿意和你一起成长。

（三）时间表：公司发展规划基本时间表

"谋定而后动，知止方有得。"凡事都要三思而后行，商场如战场，对企业而言，谋虑就是根据市场的变化，结合企业的资源和实力制订一个最优的经营战略，用以指导企业选择合适的经营领域和产品，在企业发展中形成自己的核心竞争力，帮助企业在竞争中取胜。如果不制订经营战略，企业在发展过程中很可能会出现盲目扩张、执行力差、后劲不足等问题。初创企业要为公司发展规划一个基本的时间表，时间表可以为企业未来的长期生存与发展做出方向性、系统性、全局性定位。以某园林公司的发展规划为例：

天津市某园林绿化有限公司成立于 2005 年，注册资金 500 万元，公司主要从事与房地产配套的园林工程的设计和建设、苗木幼苗的培育及销售。企业年营业额近千万元。公司成立以来，凭借"锐意进取、开拓创新、团结协作、创意新颖"的企业精神以及科学合理的企业管理，在园林界树立了良好的口碑。经过全体员工的努力拼搏，公司已经建成了 500 余亩的苗木花卉基地，规模渐渐扩大，有近千个产品种类，得到了社会各界的一致好评，赢得了客户的信赖。公司已在上海、深圳、北京、厦门、南京等地完成了 150 多处的景观工程。

为了企业的长远发展，公司制订了一个 20 年的总体发展规划，力争在 10 年内成为京津冀地区的行业标杆企业，并成功上市；力争在 20 年内发展成为中国园林行业的领军企业。公司根据 20 年的发展规划时间表，将发展战略分为四个阶段，每 5 年一个阶段，设立阶段性的目标辅助长期战略的实施。下面是该公司 5 年的发展战略目标和规划。

2015—2020 年公司发展战略目标和规划

目标一：5 年内员工人数翻一番，增加的员工以园林设计、企业管理、市场营销和工程管理人员为主，技术工人为辅，平衡员工专业结构，提高配置的专业化程度。

目标二：在现有合作伙伴的基础上，在华东、华南实现与15家以上的百强企业形成战略合作伙伴关系。

目标三：企业年营业收入突破2亿元，提高员工福利待遇，人均工资增长30%以上。

目标四：健全企业的利润考核管理体系。在京津冀地区着重打造更好的企业形象。

目标五：建立健全现代企业管理制度，营造行业中更先进更有效率的人力资源体系、市场营销体系和先进的文化理念。

目标六：企业内部建立培训机构，每年开班培训，提升员工的专业化技能。

目标七：在5年内完成股份制改制，构建完善的股权激励制度，为企业上市打好基础。

为实现上述5年目标，公司制订了具体的发展战略，利用一切可以利用的资源确保目标的实现：

一、加快实施高端的人才战略，利用各种方法提升企业现有的设计、管理、营销人员业务能力。一方面要"走出去"，招揽具有广阔视野和创新理念的各类人才，不看地域与背景，只看个人能力，并选择合适的设计院进行人才培训的合作；另一方面，鼓励企业现有人员参加各类业务竞赛，以赛带练，通过竞赛选拔人才。加强职业培训，逐渐强化培训力度和内容，使现有人员的综合素质在短时间内得到大幅提升。

二、尽快建立设计职能部门，实现从设计到施工的一体化经营。园林公司竞争力的重要源泉是景观设计，不单纯是规划苗木、铺设硬景，还涵盖着新技术、新能源、新材料的运用。创作出节约型、生态型景观，会对企业业务的洽谈起到推动作用。公司具备了设计、施工一体化能力后，将增强公司在业务承揽时的自信心和成功率。

三、特有服务或特有产品供应商战略。中国的园林设计发展有悠久的历史，但现代园林企业的发展从中国的现实情况看仍然具有巨大潜力，园林企业产业化的运作方式正逐步向集团化方向过渡。应抓住机遇，实行一体化经营战略，发展上下游产业和相关产业，形成产业链，实行上下游联动机制，公司的专业化经营将取得更大的成绩，在行业中的竞争力也会更强。

四、尽快建立起现代企业制度，按照现代企业管理的要求，规范公司管理条例。积极探索机制改革与更新，在科技创新机制、激励机制、竞争机制、考核机制等多方面严格按照现代企业制度进行优化升级。

五、在工程建设中大力实施质量环境安全战略。建立健全职业健康安全管理条例。质量是企业的生命，因此，在建设过程中一定要严把质量关，不仅要建设高质量的工程，还要在建设过程中保证施工人员的人身安全。

六、信息化战略。企业信息化是指利用现代信息技术，实现信息资源共享，减少交易成本，提高企业创新能力，培育企业的核心竞争力。园林行业也要充分利用信息化战略促进产业的发展升级。一方面，在信息化牵动和推动的双重作用下，中国的企业界正在经历着新一轮的分化。新一轮的商业帝国很快在信息化的促动下浮出水面；另一方面，合理利用现代信息技术在员工的思想建设、构建企业文化方面也有着重要作用。

从上述具体计划可以看出，公司的发展需要规划，一份合理的发展规划时间表就像企业的指路明灯，只要照着规划一步一步往前走，总有一天可以到达目的地。商业计划书中合理的时间表也可以充分显示创业者的思维逻辑，吸引风险投资者。

（四）愿景：上帝视角最能打动人心

企业不能没有愿景，就像人不能没有梦想。亨利·福特在一百多年前说他的梦想是"使每一个人都拥有一辆汽车时"。这种愿景让人感到过于理想化，但又会不由自主被他的美好憧憬所感染。因此，如果愿景是一个很简单就可以实现的目标，反而失去了打动人心的力量，充其量只能算是战略目标。一般来讲，企业的愿景包括以下内容（见图 3-1-3）：

（1）企业目的的确认。企业存在的原因就是企业目的，即企业为什么要存在。从这个角度来说，企业目的决定了企业理念。错误的企业目的会对理念

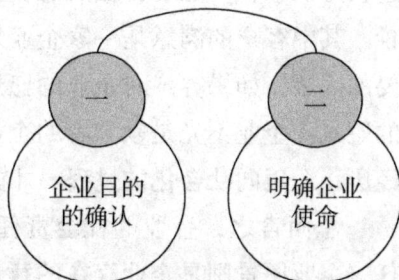

图 3-1-3　企业愿景内容

识别产生偏差，并最终导致企业的失败。正确的企业目的则会产生良好的理念识别，并引导企业走向成功。

（2）明确企业使命。企业宗旨就是企业使命，它是企业经营哲学的具体化，是经营理念指导下企业为生产经营活动的性质、方向、责任所下的定义，表达了企业的社会态度和行为准则，集中反映了企业的任务和目标。

北宋大儒张载认为，读书人的最高使命是："为天地立心，为生民立命。为往圣继绝学，为万世开太平。"这体现了极高的社会责任感。现代企业的最高使命也应该具有造福社会的责任感，这就要求企业在考虑到自身利益的同时，还要考虑到企业对社会的利益影响，承担起自己的社会责任。企业的社会责任包括：

（1）企业的社会使命：企业成员对社会所做的贡献及协调各种利益集团关系。

（2）企业的社会产品：企业生产的产品在为企业带来利益的同时，也要有益于社会，有益于人民。

（3）企业的社会利益：评价企业生产经营活动成果要看其是否维护和实现社会的整体利益。

（4）企业的社会服务：要提供满足社会各种需要的服务。

（5）企业的行为定位：企业在使用各种自然资源和社会资源时，应当充分考虑给社会带来的后果和影响。

企业愿景是企业文化的彰显，有些企业愿景表达出企业的存在就是要为社会创造某种价值，如美国的一家航空公司提出要做"全球的领导者"，这就是谋求客户能够得偿所愿、员工能爱岗敬业、企业能够兴旺发达的愿景。其中客户的满意是一家企业最基础的愿景，因为客户是企业成功最重要的因素，如果客户对企业的愿景不能认同，那么这个愿景就是一个失败的愿景。企业不光是领导者的企业，也是员工和社会的企业，企业必须要经历一个迈向社会化的过程，才能发展壮大。

总而言之，企业的社会责任就是对不同利益团体承担的道义上的责任，企业愿景则是企业存在的意义、未来的发展目标，也是企业根本之所在。具有社会责任感的企业愿景更为崇高，也更能打动人心。

以青黛科技的企业文化中制定的企业愿景为例：青黛科技企业使命（见图 3-1-4）：

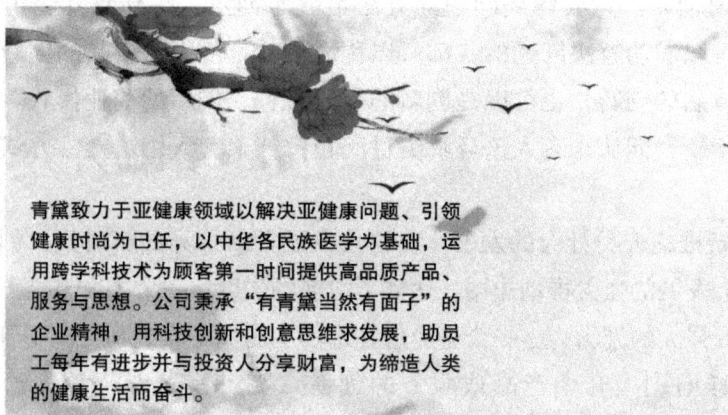

青黛致力于亚健康领域以解决亚健康问题、引领健康时尚为己任，以中华各民族医学为基础，运用跨学科技术为顾客第一时间提供高品质产品、服务与思想。公司秉承"有青黛当然有面子"的企业精神，用科技创新和创意思维求发展，助员工每年有进步并与投资人分享财富，为缔造人类的健康生活而奋斗。

图 3-1-4 青黛科技企业使命

青黛愿景则是这样："使青黛成为最具竞争力的东方医药美容品牌，引领健康时尚潮流。"

二、公司业务背景

公司业务背景就是介绍一下企业的发展历程，比如什么时候创办的，在不同的发展阶段有什么业务成就或企业内部大的变动。在商业计划书中介绍业务背景不用像记日记一样，一年一年地按照时间顺序呈现出来。而是要详略得当，重点阐述产品或服务的创新点、产品针对的用户痛点，以及公司业务的市场机遇。

（一）具体阐述产品或服务的创新点

在具体阐述何为创新点之前，我们需要先明确：什么是产品？什么是创新？

何谓产品？产品的样式多种多样，有实物产品、软件产品，还可以是一项服务，或者是一个解决问题的方案。在广义范围上，生产产品是为了满足用户的需求，只要是能满足用户需求的我们都可以将其称为产品。

何谓创新？只要解决问题的方法足够有创意、有新意并经过实践检验确实可以成功解决问题的，都可以称为创新。可以是产品的创新、想法创新、体制的创新，也可以是创新的企业流程、创新的商业模式。创新的重点在于新，即从未有人这样解决过问题，从未有人用这样的方式来解决问题。

创新推动人类社会的发展。在科技发展日新月异的新时代，创新对于经济社会发展的强大推动作用，达到了空前的强度。一个国家自立于世界之林离不开强大的创新力，一个企业想在市场上占据一席之地更离不开创新。

怎样向别人介绍产品或服务的创新点呢？首先创业者要思考两个问题：

（1）你的产品创新是如何体现的？

创新首先体现在项目的点子上，即你的产品或服务在当前市场上是不是从未出现过；其次体现在行为方式，也就是做法上，即这个服务模式或领域是不是从来都没有人尝试过，你是第一个吃螃蟹的人，你是首创；最后体现在产品进入市场后的预期结果上，即你的产品是不是取得了出乎意料的好成绩？

（2）如何判断这样的体现就是创新？

什么是产品的创新点？你所认为的创新点真的是产品的创新之处吗？

这个问题看似很简单，其实界定创新远没有看起来那么简单。我们先看几个关键词：跨界，整合；破坏性创新，颠覆性创新，微创新；蓝海，红海。站在不同的维度思考，对创新会有不同的解读。你所认为的创新点可能在投资人眼中已是陈词滥调。

下面简单介绍一下产品创新方式（见图3-2-1）：

（1）新思维的实践：例如，交易活动最早是卖方思维，卖方生产并推广产品让买方来买，接着发展为市场思维、4P营销理论（产品、价格、渠道、宣传），后升级为4C（顾客、成本、便利、沟通），发展到现在是用户思维、客户至上，一切都从用户的需求出发，产品也越来越重视个性化，如用户定制、个性化服务等。从本质上讲，这些都是新思维的实践。

一	新思维的实践
二	产品针对独特用户群
三	挖掘潜在需求
四	产品针对市场空白
五	微创新
六	颠覆性创新

图 3-2-1　产品创新方式

（2）产品针对独特用户群：从踏实稳重、重责任的"70后"，到热爱自由、追求自我的"80后"，再到张扬个性的"90后"，每一代人都有独具特色的标签，产品的目标用户群也有自己的标签，比如QQ的用户偏年轻化，微信的用户则偏向成熟、商务，小米的用户注重手机的实用性、看重性价比，锤子手机用户则文艺感性、有独特的生活品位。产品的针对性越强，对特定人群的吸引力就越大。

（3）挖掘潜在需求：在百舸争流的经济社会没有什么产品是不可替代的，客户的需求在不断变化，仅仅满足客户的基本需求，很难成为产品的创新点，但可以深入挖掘客户的深层次需要，满足用户潜在需求。

（4）产品针对市场空白：虽然人类社会发展至今，行业领域已经涵盖人类生存发展的方方面面，但市场仍然不缺少空白，只是缺少发现空白的眼睛。机会就在那里，就看创业者能不能在对的时间、对的地点发现。如果产品面向的是一个空白的市场、一个没有人涉足过的新大陆，这将是产品毋庸质疑的创新点。

（5）微创新：市场空白的发现需要机遇，新思维的实践需要绝妙的金点子。这些对于初创企业是可遇不可求的。如果这些都没有，那么产品的创新还可以从微小的改变、渐进的优化入手，不断地改良产品，积累量变达到质变，成就高质量的用户体验，也可以当作产品或服务的创新点。

（6）颠覆性创新：有魄力地打破行业的既有规则，从而改变市场格局，将行业利益重新分配，在商业史上，这种颠覆性的创新常常被称为"搅局者"。比如，苏秦、张仪的合纵连横之术，在商业竞争中就是布子、投资和并购；再如，业务形式上的突破：微信公众号对微博大 V、官微的抄底，微信支付和微店对支付宝、淘宝的阻击；又如，商业模式上的革新：硬件零利润、软件及服务收费。很多时候变则通，不变则死，曾经畅销全球的柯达胶卷就是在一次次的产品颠覆性创新中被市场淘汰的。

你的产品是否符合上述创新方式？可以找一些专业人士和你一起分析，明确产品的创新点在哪里，从而充分展现自己的创新点来吸引投资人。

（二）产品针对的用户痛点，杜绝伪需求

人们常说打蛇要打七寸，产品也要针对用户痛点。什么是痛点？在解决用户需求的过程中，会遇到时间、金钱等阻碍，这个阻碍就是痛点。阻碍的难易程度不同，解决问题的阻碍越大，痛点越强烈。

企业花费大量人力、财力和时间生产出来的产品必须是满足用户的刚需，针对的是用户的痛点，而且产品的使用场景最好在用户的日常工作和生活中经常发生。

市场上往往会出现一些失败的产品，为什么会失败？很多情况下是因为产品没有满足客户的需求或者满足的仅仅是一个伪需求。产品有没有真正找到用户的需求？这是一个值得创业者仔细揣摩、深入思考的大问题！在一个并不存在的市场里投入资金，投入精力，付出时间，资金雄厚的大公司还能有重来一次的机会，而对于一个初创企业来说无异于灭顶之灾。

企业费尽心力研发的产品，服务用心、产品精美，但为什么投入市场之后反响不热烈呢？这是因为企业忽略了一个重要的前提，那就是客户！客户不买这个东西，因为没有需求。做产品其实最大的难题并不是客户的体验不够好，体验不好还可以改进，最大的问题其实是伪需求。不解决痛点，就是伪需求。

创业者们可以回过头去想想，在研发产品时，是不是跳进了一个过于关注自己创业点子的陷阱？是不是更多考虑的是，如果用户每天都会用我们的产品，我们如何给用户一个最好的体验？并没有太多地思考用户是不是必须用这个产品。跳过了用户需求，这其实是不对的，要多问问的是，

客户为什么要用这个产品？这个产品解决了用户什么需要？是什么在驱动用户选择这款产品？

还有一种情况是，产品并不是一点需求也没有，但是没有它客户也无所谓。这种情况下产品针对的是客户的"痒点"而不是痛点。

产品为什么没能针对客户的痛点？究其根本原因，是企业在产品开发前所做的准备工作不够充分。有一些不确定因素没有得到解决，不确定性的存在是因为缺乏有效的信息，缺乏有效信息是因为对企业所服务的市场仅仅略知皮毛，这些一知半解的信息，最终转化为企业的风险，导致整个产品的失败或事倍功半。因此，企业在产品开发之前，一定要尽可能多地进行各种假设和市场调研，确保找到的是市场的刚需以及痛点，最大可能杜绝伪需求。

为了了解自身产品的不足，更好地解决用户的痛点，腾讯研发了一个质量监控的软件——腾讯 Bugly（见图 3-2-2）。

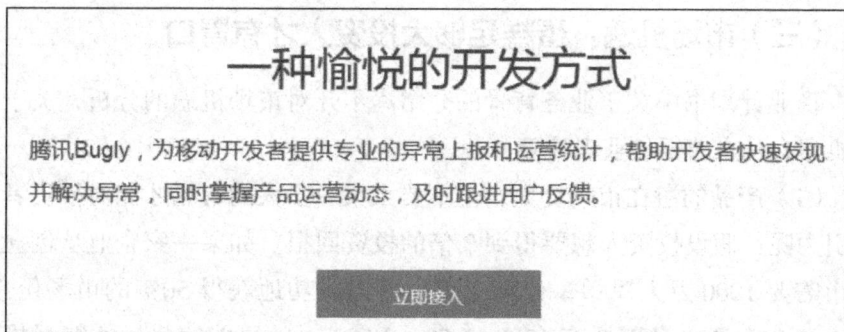

一种愉悦的开发方式

腾讯Bugly，为移动开发者提供专业的异常上报和运营统计，帮助开发者快速发现并解决异常，同时掌握产品运营动态，及时跟进用户反馈。

立即接入

图 3-2-2 腾讯 Bugly 首页

腾讯 Bugly 是一款监测软件，它的主要功能是在 APP 发布以后，对用户使用过程中发生的闪退或卡顿等现象进行监控并上报，让开发者可以快速及时地了解到 APP 的使用情况，马上针对问题进行修改。目前腾讯内部的所有产品，都在使用 Bugly 进行线上产品的崩溃监控。

2010 年，腾讯开始着手扩展移动端产品。很快安卓手机的碎片化问题导致各种各样的使用 Bug，使腾讯的团队不堪其扰，每天都要处理各种各样的用户反馈，想办法解决不同机型上的运行问题。于是，腾讯的研发团队想到了一个自检的方法，开发一款 APP，专门用来监控腾讯旗下的移动端产品。及时发现客户需求，帮助项目团队来提高工作效率。

在与用户进行充分沟通后，开发团队利用客户端的数据深入分析用户需求，瞄准用户痛点，打造了面向所有移动开发者的产品 Bugly 作为腾讯内部产品质量监控平台的外发版本。帮助不少 APP 开发者尤其是没什么经验的初创团队解决了不少问题。

从腾讯 Bugly 的发展我们不难看出，好的产品一定是满足用户需求、解决用户的痛点。随着移动互联网行业的迅猛发展，专业工具为开发者甚至企业带来的积极影响也不容小视，将同行业的开发者当成自己的用户群，不得不说腾讯抓住了一块市场空白。未来一定还有不少类似的有针对性的专业工具产生，对用户而言，具有价值、针对痛点的产品永远都值得期待！

（三）市场机遇：蛋糕足够大投资人才有胃口

商业计划书中关于业务背景的介绍离不开对市场机遇的分析，关于市场机遇有几点值得创业者注意：

（1）产品的潜在市场要大，但不要太大。多大的市场才能对投资者有吸引力呢？假设投资人想要得到 3 倍的投资回报。如果一家企业从创立到上市需要 1000 万人民币，公司上市后可以成功地获得 50% 的市场份额，那么这个市场本身需要有 1000×（50×3/50%）的可能容量，才能对投资人有足够的吸引力。而不要太大指的是这个市场的竞争者不要太多，最好在大多数人还没看到之前，就被独具慧眼的创业者发现了。人人皆知的庞大的市场已经接近饱和，投资收益不会太多。投资人往往不会选择，这也是一个市场时机的问题。

（2）企业的利润增长最好是来自市场本身的增长。例如越来越严重的老龄化问题，随着老年人数量的增多，老年人市场本身也会不断增长。利润来源于市场的自身扩张，而不是抢夺竞争对手的收益。

（3）企业有机会发展为市场中具有支配地位的龙头企业。有的企业家认为，我的企业只要在一个巨大的市场里抢占 5% 或 6% 的份额，收入和利润就非常可观了。这话听起来不错，这种公司发展起来也是好公司。但是投资人却不会选择这样的企业进行风险投资。市场份额小的企业不具备市场控制力和产品的定价能力，利润方面会大打折扣。没有支配地位的公司很难保持风险投资所要求的高回报率。

创业者怎样在商业计划书中体现自己的市场机遇呢？其实，只需在这部分让投资人了解到这几件事就可以了：我的市场空间足够大、市场需求也是真实存在的、项目有机会在市场中占据一定份额。基于这个目的，在撰写市场分析时应注意以下几点（见图 3-2-3）：

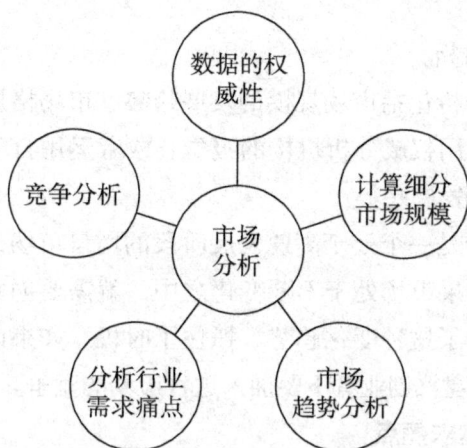

图 3-2-3　市场分析基本内容

1. 数据的权威性

现在网络上的海量信息令人眼花缭乱，但信息的真假往往又很难辨别。有很多公开数据，却不见得是正确的数据。创业者在做市场分析引用数据做支撑时，要选择权威的调查机构公开的数据，比如国家部委发布的数据或者知名的市场调研机构公布的数据。在数据的日期上尽量选择较新的，这样得出的结果更具真实性，且符合当下的市场行情。

2. 计算细分市场规模

充分考虑细分市场和大市场的关系，不要搜到数字报告就不假思索地加以利用。计算出产品细分市场需求的规模。如果企业要做的是面向18~25 岁的年轻女性的服装线上销售，那么商业计划书上体现的市场数据就不能是国内服装市场规模的数据，而是要细分到女装市场、年轻女性市场、线上渠道的销售规模大小。直接的数据很难找到，需要创业者先估算出大致的市场规模。根据细分市场的规模占比，利用大数据自己计算出来。

这里还要提醒的一点是，投资人可能会在面谈的时候问到一些具体的数据，以考察你对市场的了解程度。比如，目标市场上的龙头企业是谁？它的市场份额占比是多少？目标用户的购买频次、平均花费是多少？等等。这些数据不需要你写进商业计划书里，但仍然需要创业者提前做好功课，了然于胸。

3. 市场趋势分析

市场趋势的分析包括市场规模的发展趋势、市场格局、服务形式的变化。创业者可以引用权威分析机构的报告，或者运用自己的判断，预测目标市场未来几年的发展趋势。

如果市场本身是一个处于高速发展阶段的增量市场，企业更容易得到投资人的青睐。如果市场处于不断变化之中，就需要创业者证明你们的产品或服务模式迎合了这种变化趋势、抓住了时机。如果市场内部已经稳定下来并接近饱和，建议创业者不要加入这种市场的竞争。

4. 分析行业需求痛点

关于行业痛点，上一节已经有过详细说明，这里不再赘述。了解痛点之后，接下来介绍产品就要指出产品是如何解决这些痛点的。提出问题不是关键，如何解决才是重点。

5. 竞争分析

这部分要描述清楚的是：企业的直接竞争对手都有谁？竞争对手现在发展得如何？与他们相比你有何优劣？有什么间接竞争对手和潜在竞争对手吗？这方面的分析结果最好用表格或者图表的方式列出来，比较清晰明了直观，除非是新型的商业模式或未曾有人涉足的新领域，竞争不多，可以简单提及，不然一般情况下都会在产品介绍后，单独用一页与竞争对手做全方位的对比。

除了以上五点内容，在商业计划书撰写工具 VeryBP 的模板中，把市场机遇部分分为三个小节：行业分析、需求分析和市场规模。创业者可以根据自己搜集到的信息，选择合适的布局完成这些内容的撰写，也可以根据自己的实际情况，对这些内容进行调整。

市场分析虽然是商业计划书的重要一环，但产品和商业模式才是商业计划的重点内容，所以这部分内容虽然需要创业者花费大量的时间做调查、算数据，但落到字面上的时候只需要结论即可，力求在"真实、简洁、直接"的基础上，把该说的问题说清楚。

三、产品市场现状

产品市场又叫作商品市场，在这里可以进行劳务或者物质产品的交换。产品的市场现状包括产品的市场规模、竞争程度、细分市场，创业者在充分了解市场现状后可以更好地决定制定什么样的销售目标或者采取什么样的销售策略进入市场。投资人也可以通过商业计划书中对产品市场现状的描述，知悉创业者对市场的了解程度。

（一）市场结构与分销渠道

市场的参与者可以简单分为两大类，即市场的供给者和需求者。市场结构指的就是市场中各要素之间的内在联系，包括市场上现有的或者即将进入市场的供给者与需求者之间的关系。

首先简单介绍一下市场结构（见图 3-3-1）：

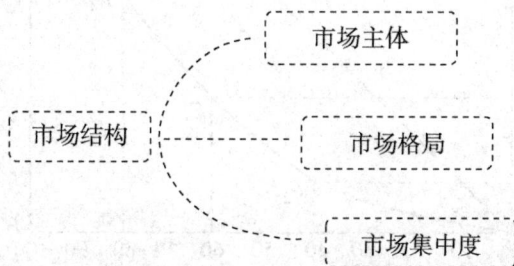

图 3-3-1　市场结构

1. 市场主体

市场主体分为个人和团体，只要在市场上从事经济活动，享有权利并承担相应的义务，都可以称之为市场主体。市场主体的最本质特征是其具有营利性，在参与市场活动和满足社会需要的过程中追求自身利益的最大化。除此之外，市场主体还具有产权和经营权的独立性、遵循市场规律调整经营战略的灵活性，以及市场供给与需求者之间的关联性、合法性以及平等性。

2. 市场格局

市场格局千变万化，总结起来却只有两种情况，一是供不应求；二是供过于求。市场格局指的是市场经济条件下供需双方在商品交换活动中所处的地位。这种格局正是由商品的供需状况决定的。

3. 市场集中度

行业市场的龙头企业市场份额占整个市场的比例就叫作市场集中度。集中度又分为绝对集中度和相对集中度。绝对集中度的表示方法是行业市场中龙头企业的市场占比；相对集中度则通常以洛伦兹曲线（见图 3-3-2）和基尼系数（衡量居民收入差距的指标）表示。

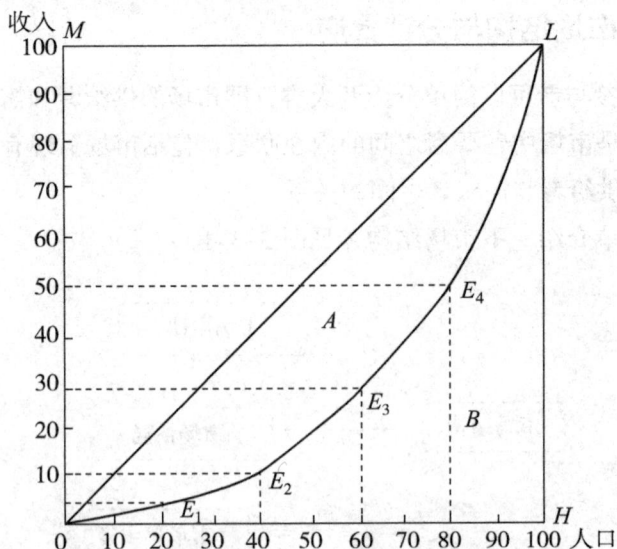

图 3-3-2　洛伦兹曲线

由于与企业关系、自身特征以及渠道成员的不同结合方式，分销渠道包括以下类型（见图 3-3-3）：

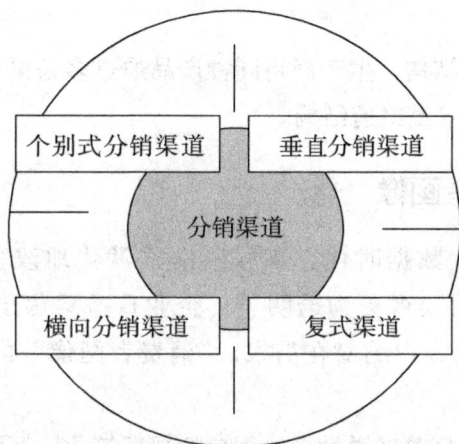

图 3-3-3　分销渠道

（1）个别式分销渠道结构：是一种关系比较松散的销售网络，由产品生产商、批发商和零售商构成。成员关系仅依靠商品买卖维持，彼此独立，互不干涉。因为利益在一起合作，利益产生冲突就结束合作，属于传统的分销渠道。

（2）垂直分销渠道结构：垂直分销渠道比较复杂，生产、批发和零售商，依靠经营规模、要价还价的能力及避免重复服务来构成。三者形成一个统一的整体，可由生产商也可由批发商或零售商控制。具体有以下三种：

①所有权式垂直分销渠道结构：特点是所有权的单一化，将商品相关的所有生产和销售单位联合到一起，由一个单位统一掌握并控制渠道。

②管理式垂直分销渠道结构：这种结构不以所有权为基础，主要依靠企业自身的资本实力和市场影响力吸引零售商与之合作。这种渠道结构的形成，必须要有一个规模大、资本雄厚、品牌形象好的支柱企业。

③契约式垂直分销渠道结构：这种结构的主体包括批发商联盟、零售商联盟和特许的专营组织，不同行业但是产品有相关度的企业联合起来，形成影响力较大的联盟，比个体单独行动更经济高效。

（3）横向分销渠道结构：两个或两个以上的企业为避免风险、利用资源而形成的短期或长期结盟，这种渠道结构也叫作水平式分销渠道结构。

（4）复式渠道结构：生产商将同种产品通过多条渠道输送到多个市场上，也称多渠道或双重渠道结构。

（二）消费者画像

当前，进入大数据时代，互联网潜移默化地改变着人们的生活。消费者在企业面前变得更为透明了，企业日益聚焦于利用数据实现精准营销，深入挖掘客户的潜在需求。"消费者画像"的概念被越来越多地提及。

消费者画像，简单来说就是将用户特征标签化。互联网作为大数据的基石，为企业提供了消费者社会属性、消费行为、生活习惯等足够的数据信息，抽象出一个用户的商业全貌，从而帮助企业精准地定位用户群体，找到用户需求（见图3-3-4）。

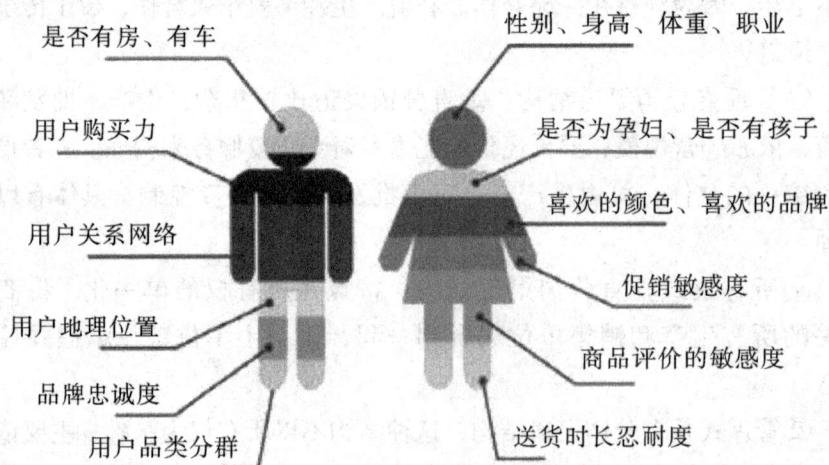

是否有房、有车

性别、身高、体重、职业

用户购买力

是否为孕妇、是否有孩子

喜欢的颜色、喜欢的品牌

用户关系网络

促销敏感度

用户地理位置

商品评价的敏感度

品牌忠诚度

用户品类分群

送货时长忍耐度

图3-3-4　消费者画像

准确的消费者画像对企业发展大有益处，一是有助于企业在发展战略上的业务经营分析和收入分析，改变纸上谈兵的销售模式，事先做好调查，完善产品运营，提升用户的满意度；二是利用大数据进行竞争分析和用户维护，根据产品特点找准目标用户，提高对外服务水平，提高企业利润，精准运营，精准销售。

现在市面上有很多专门致力于帮助企业制作消费者画像的网站，通过各种数据来推算消费者的性别、年龄、消费习惯。这对于创业初期资源较少、信息不多的企业来说不失为一个精准定位用户需求的好途径，但创业者对于网站上的画像结果还是要有自己的一个判断（见图3-3-5）。

活用用户画像分析_使用Linkflow_打造轻量自动化运营中台

活用用户画像分析,结合全球营销技术范围内新热点,通过Linkflow连接各数据平台整合数据后,通过自动化流程,无需编程,快速打造轻量级的自动化运营中台.
www.linkflowtech.com 2018-12 ▾ **V₁** - 评价 广告

app用户数据分析__免费的移动数据统计分析工具

app用户数据分析 通过采集APP,H5和小程序的应用数据,监控版本质量,渠道状况,用户画像属性及用户细分行为,通过数据可视化展现,协助产品运营决策.
mta.qq.com 2018-12 ▾ **V₃** - 评价 广告

图 3-3-5 消费者画像网站截图

（三）产业链上下游状况

产业链的实质是同一产品生产销售过程中不同企业之间的关联。上下游产业链又叫延伸产业链，向上游延伸进入原材料和初级产品的厂商，是基础产业环节和技术的研发环节。

向下游延伸进入原材料的深加工、生产制品投入市场。产业链的上下游是相互依存的，没有上游提供原材料，下游将军难打无兵之仗。没有下游的生产加工，上游的原材料也难以实现价值。初创企业在商业计划书的业务背景介绍中，可以描述一下企业的上下游产业链状况。互助共赢、延伸范围足够大的产业链对投资人也有一定吸引力。以 2016—2017 年中国显示器行业产业链上下游市场发展现状分析为例：

2016—2017 年中国显示器行业产业链上下游市场发展现状分析

一、显示器行业产业链（见图 3-3-6）

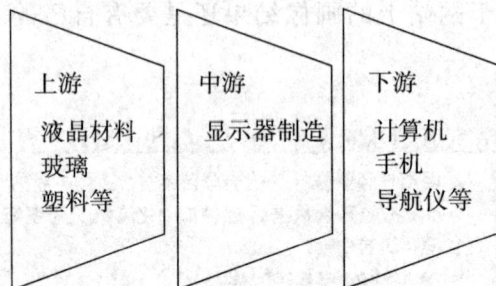

图 3-3-6　显示器行业产业链

二、显示器行业上游市场发展情况

1.液晶材料

近几年国内市场对液晶材料的需求不断增长，专家预计在 2020 年之前，国内液晶材料市场将一直保持连续增长的趋势。2015 年国内 TFT 液晶材料市场需求约 190 吨。

2016 年，国内将新增的面板产能如表 3-3-1 所示：

表 3-3-1　2016 年新增面板产能

京东方福州	8.5 代
武汉华星光电	6 代
武汉天马	6 代
友达昆山	6 代
三星苏州	8.5 代扩产
LGD 广州	8.5 代扩产

按照这样的发展速度，预计至 2020 年国内 TFT 液晶材料的市场规模可能达到 500 吨，全球占比 40% 以上。这将给国产液晶材料企业带来更多

机会。

我国液晶材料生产商众多，但真正能供应 TFT 液晶材料的只有南京晶美晟、江苏和成、石家庄诚志永华、江苏和成等几家，诚志永华与江苏和成都已具备可观的出货规模，北京八亿液晶和南京晶美晟未来可期。根据各家材料厂的发展战略规划，到 2020 年，数家材料企业都将形成年产100 吨的大产能规模。预计国内企业的竞争格局在未来几年会发生重大变化，很多小企业都会被兼并重组，市场份额也会被重新洗牌。

2. 玻璃

2016 年年初，玻璃行业市场不景气，大部分行业人士都比较谨慎，认为玻璃价格会下滑，但在房地产行业的带动下，玻璃的供需矛盾得到缓和，价格呈现上涨趋势。下半年玻璃企业效益转好，复产速度明显加快。截至 2016 年 6 月末，我国共有浮法玻璃生产线 350 条，总产能超过 12 亿重箱。其中在产玻璃生产线 200 多条，在产产能超过 8 亿重箱。

3. 塑料

在国家政策的引导下，PVC 产业调整升级节奏加快，最近几年产量不高。但从产业的长远发展角度来看，产业结构的优化更有利于行业的长远发展。虽然发展节奏放缓，但相比其他大宗商品市场仍然处于扩张状态。

三、显示器行业中游市场发展现状

2016 年各大生产商纷纷推出了新产品，国产品牌开始冲击韩系的市场地位。电子竞技等专业显示器越来越受到消费者的关注。尺寸的大小、显示器的分辨率成为消费者在挑选电子产品时的重要因素。总的来看，当前的显示器市场专业化、曲面、窄边、电竞、超薄是主流趋势。

中国液晶显示器市场品牌关注比例（见图 3-3-7）描述了各个品牌在当季的市场活跃程度以及占有的市场份额。与前几个季度相比，大企业的市场份额没有太大的波动。即使稍有波动也是正常的市场现象。液晶市场已经进入了相对稳定的发展阶段。

四、显示器行业下游市场发展现状

1. 计算机

伴随着云服务、大数据以及"互联网+"的热潮，计算机市场迎来了前所未有的发展机遇。多项关于支持计算机行业发展的政策效应逐步显现。

重点行业的 IT 投入不断增加，市场规模增长迅速。下游产业的需求也很旺盛。从整个计算机行业的业绩指标来看，整体表现得都比较好，市场空间巨大，行业前景可期。

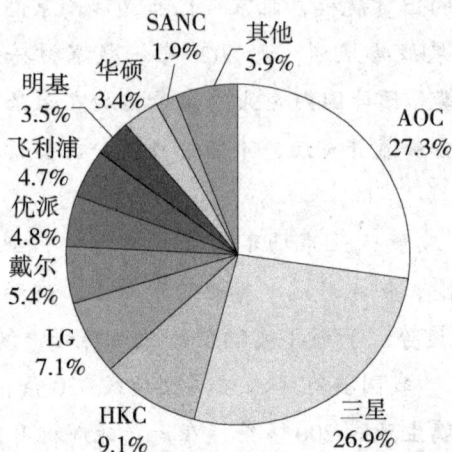

图 3-3-7 2016 年前三季度中国液晶显示器市场
品牌关注比例分布

2.手机

2016 年，国内手机的生产量和销售量同上年相比都有较大提升。在品牌构成方面，国产手机发力迅猛，全年总出货量将近 5 亿部，同比增长约 16%，占同期国内手机出货量将近 90%。随着手机研发环节的不断加快，产品更新换代的频率也越来越快。相比计算机，手机的发展前景更为广阔。

商业计划书中产业链上下游的分析，可以帮助投资人充分了解行业的发展情况和行业市场的大小，这部分内容在商业计划书的正文中出现总结性的简要概述即可，具体的内容可以附件的形式放在商业计划书最后的附录部分。

第4章

公司竞争优势分析

只要有人的地方就会有竞争，做生意更是一种竞争博弈。竞争分析就是专门分析你的竞争对手：当下的竞争对手和未来可能会出现的竞争对手。

知己知彼方能百战不殆，确保企业生存发展的前提就是要充分了解你的竞争对手。定期花一些时间来评估你的竞争对手是必不可少的。即使是小企业也应该对公司竞争对手进行优劣势的分析。事实上，小企业面临的竞争更加激烈，因为新加入的企业往往会用更加大胆的方式和更为创新的产品去抢占市场份额。

创业者在撰写商业计划书时要充分彰显企业竞争优势，激发投资人的兴趣。

一、阐述产品竞争优势的 7 个维度

在竞争分析中一定要让投资者看到项目的竞争优势，如何彰显自己的竞争优势呢？创业者可以从产品竞争的 7 个维度，即成本、效率、用户体验，获客成本与定价策略，市场细分，差异化竞争，营销策略，渠道策略和地区策略来阐述，本部分会用案例来辅助说明如何利用好这 7 个维度。

（一）优势竞争产品三要素：成本、效率、用户体验

初创公司撰写商业计划书时，让投资人了解企业优势从而产生投资行为是再正常不过的事情。听起来很简单，做起来却不知从何入手。大家都知道用公司优势打动投资人的重要性，但具体到每一个公司头上，利用具体细节打动投资人并不是一件可以轻松做到的事情。

这其中最大的鸿沟由信息差造成。创业者每天直面公司运营，自然非常了解公司现状，但投资人并不了解公司甚至是第一次见到此行业的融资诉求，之前并不了解这一行业。在撰写商业计划书时如不对优势进行筛选表达，则往往会造成驴唇不对马嘴、投资人摸不着头脑的状况。

本书给出的建议是，越是投资人不了解的领域，越要从商业的本质出发从优势竞争产品三要素，即从成本、效率、用户体验三方面进行讲述（见图 4-1-1）。

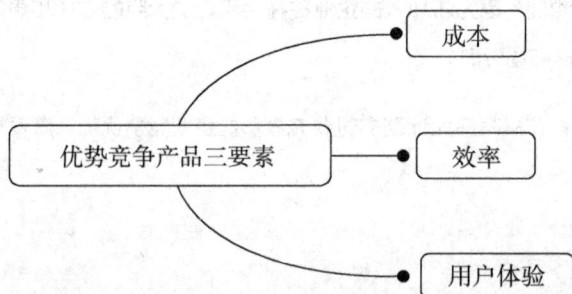

图 4-1-1　优势竞争产品三要素

　　这是如今在创业及投资领域达成的共识，即绝大多数人认同的"一拖三"定律，团队＋"成本、效率、用户体验"，能在所从事领域做好这四点的企业，必然会受到投资人的青睐，自然也是我们在商业计划书中要重点展示的内容。

　　"一拖三"定律同时也是判断商业创新的最好方式，京东创始人刘强东便多次谈道："在优秀团队的基础上，只要把成本、效率、用户体验三点中的其中一点做好，且另外两点没有明显减损的情况下，基本上就可以取得成功。"

1. 成本

　　企业运营，成本是关键，投资人永远不会喜欢高于行业平均成本太多的企业，相反，他们喜欢的一定是远低于行业平均成本的企业，毕竟只有成本低了，企业才有更大的用户数、生存空间、利润空间。

　　对于有着较复杂商业流程的产品，可削减成本也是多方面的。它可以直接削减产品的生产成本，如技术进步带来生产边际成本的大幅降低；也可以开发新渠道，让旧有渠道成本大幅下降，如爱尚鲜花商业计划书中成本优势展现环节（见图 4-1-2），通过压缩、改变鲜花销售渠道环节，爱尚鲜花可降低 40% 的行业平均成本，并凭借这一点最终获得 5000 万元投资。

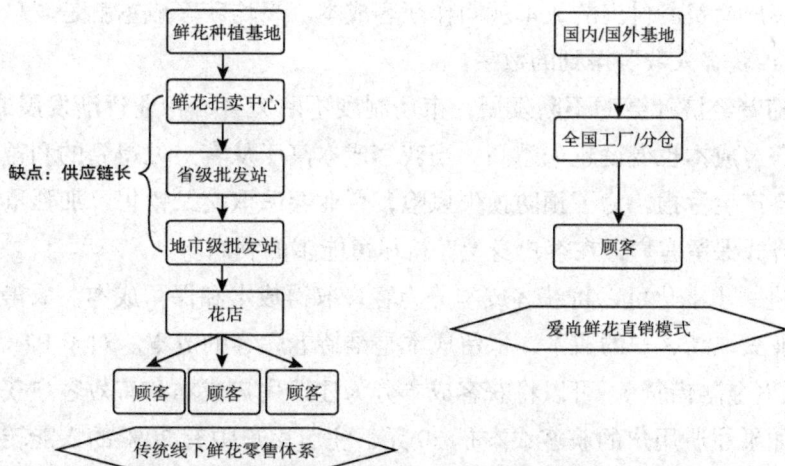

图 4-1-2　爱尚鲜花商业计划书成本优势展现环节

2. 效率

高效率是企业持续高速发展的秘密。以零售行业为例，重要指标"库存周转天数"便是企业效率的直接体现，京东快速崛起的秘诀之一是其将原有大型零售公司 60~70 天的库存周转天数通过各种手段缩短至 30 天。这不仅带来了库存成本的削减，也为开展其他业务留出了时间。

3. 用户体验

获得用户忠诚度最好的方式是为其提供超预期的用户体验，人一旦接受过好的体验便很难再去接受相对差一些的体验，也愿意为此付出一定程度的溢价。以各种优惠活动、补贴获得的用户，其"背叛成本"非常低，优惠没了或者其他公司有了更高的优惠后便离开，并不利于企业发展。

还是以京东为例，快速到货的优质用户体验让其斩获了无数忠实用户，也在淘宝之外找到了自己的位置。但打造用户体验也是要理性的，不能罔顾成本付出而一味追求用户体验，否则还没获得用户自己先死掉了，一切都成了泡影，创业者需要好好把握这几点间的平衡。

（二）平均获客成本与产品定价策略

产品的生产需要一系列成本，如采购原材料的成本，生产加工的成本，人力、物力、时间成本，产品面世以后宣传推广的成本，其中企业为吸引客户消费所付出的成本就叫作获客成本。平均获客成本就是"总获客成本 ÷ 获客人数"得到的数字。

随着经济社会的不断发展，市场制度不断完善，行业逐渐发展成熟，单位获客成本也变得越来越高。当获客成本高于从客户处得到的利益，企业就会产生亏损。为了预防损失风险，企业会采取交叉销售、加强重复购买等方式保留客户，在客户身上获得尽可能多的利润。

进一步细化可以将获客成本分为客户取得成本和保留成本。取得成本是企业获取新客户的成本，保留成本是维持老顾客的成本。对于 P2P 行业（互联网金融借贷），可以将获客成本分为注册用户成本和有效客户获客成本。如果注册用户的获客成本是 30 元，注册用户中有 20% 的人能转化为投资用户，那么有效客户的获客成本就是 30 ÷ 10%=300。

产品定价和获客成本之间的差额决定了企业的利润。购买产品时，消费者都会关注产品的价格，价格的高低决定了他们要从钱包里掏多少钱。产品的定价不能过高，也不能过低，还要让顾客觉得这定价合理。本书总结了几个定价策略分享给创业者（见图 4-1-3）。

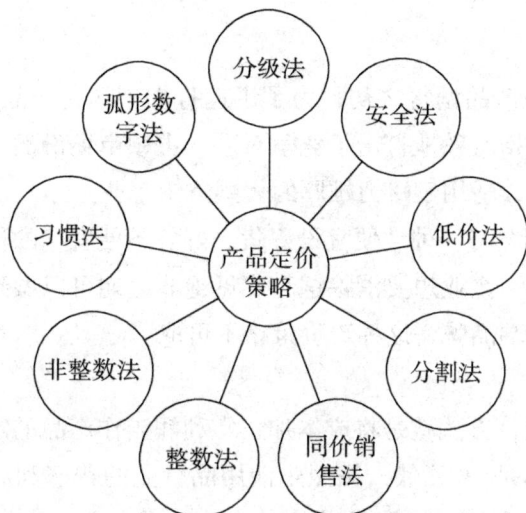

图 4-1-3　产品定价策略

1. 同价销售法

我们在商场常常会见到这样的销售活动，一大排衣服都挂在一起展示，贴着 100 元或 150 元的标签，这就是典型的同价销售法，即将一批原本不同价格的商品以同样的价格进行销售。这一招抓住了顾客的好奇心，有一些商品可能原本不值这个定价，但仍吸引了大量想要淘到宝的顾客。除此之外，还有分柜同价销售，也是典型的同价销售法。比如，有的小零售摊开设 1 元或者 5 元的商品专柜，大商店则开设了 10 元、50 元、100 元的商品专柜。

2. 分割法

生产商定价时采用价格分割法能给顾客一种价格很低的心理感觉，价格分割法有两种形式：

一是报价时用较小的单位，例如面粉每袋 150 元可以说成每公斤一块五，葡萄每公斤 30 元可以说成每 50 克 1.5 元。巴黎地铁有一个经典的广告，就是使用了价格分割法，"每天只需付 30 法郎，就有 200 万旅客能看到您的广告。"

二是将产品与小单位的商品价格进行比较。例如，"每天少喝一杯奶茶，10天就可以拥有一块宝石""使用××空调每天仅需1元电费，一瓶饮用水的价格"等。

3. 低价法

这种策略在产品销售之初，为了迅速打入市场将产品价格定得很低，低于同行业的价格有效地打击了竞争对手，占领市场份额，这是一种追求长期效益的战略，适用于财力雄厚的大型连锁企业。

但人们往往会有一种"便宜没好货，好货不便宜"的传统心理，冰冻三尺非一日之寒，企业想要消除这种成见绝非短期可以做到。所以对于追求高消费者的高端品牌，这种定价策略不可取。

4. 安全法

最安全的定价方法就是将成本加正常利润当作产品的定价。例如，一瓶洗衣液的成本是10元钱，按照生活用品行业的普遍利润水平，每瓶洗衣液赚取5元的利润，这瓶洗衣液的安全定价就是15元。价值10元的东西以20元卖出，看似获得了更多的利润，却有赔掉顾客的风险，得不偿失。

5. 非整数法

在小超市中我们总能看到很多定价9.9元、8.99元的商品。大商场中也常有定价199元、998元的商品。这种定价方法利用了顾客心理上零头价格比整数价格低的感觉。把价格定为有零头结尾的非整数，激发消费者的购买欲望。

6. 整数法

高档商品、较贵的耐用品适合采用整数法定价。因为高档商品的购买者，大多数都有一种彰显身份、地位的心理诉求。例如，售价800多万元的劳斯莱斯SUV，就迎合了消费者的这种心理。

7. 弧形数字法

所谓弧形数字，是指0、2、3、5、6、8等带有弧度线条的数字。在国外的市场调研中发现，财源广进的便利店中商品定价经常会出现弧形数字，使用频率从多到少排序依次是：5、8、0、3、6、9、2、4、7、1。带有弧形的数字在感官上给人圆润的温和之感，更容易为消费者所接受。

结合我国的国情，在商品的数字定价上6、8、9这三个既有弧形又带有寓意的数字更受老百姓的欢迎，6有六六大顺之意，8则谐音发，9则代表着长长久久，将老百姓对数字的情感寄托运用到产品价格上也是一种定价策略。数字4则往往被人忌讳。

8. 习惯法

很多商品，尤其是日用品在市场的长久流通中价格已经为消费者所熟知，如矿泉水、洗衣皂、面巾纸等，这一类商品最好不要轻易改变价格。但是如果产品不涨价，原材料却涨价了，成本过高，企业该怎么办呢？可以酌情采用一些变通方法，适当地减少一些产品量，或者寻找品质相同但价格更为优惠的原材料替代品。

9. 分级法

顾客的审美喜好和购买能力总是各不相同，成功的企业家在定价时会充分考虑顾客的购买能力。在生产中用不同的原材料生产出不同等级的产品，分级定价，让顾客有自主选择的余地。

产品的定价方法不是一成不变的，创业者要根据产品的具体情况采用合适的定价策略进行定价。但总的来说一定要高于获客成本。同类产品中价格的高低对产品竞争有重要影响。创业者要斟酌损益，三思而行确定价格。

（三）市场细分：占领垂直市场

在前文中我们已经提到过生产细分的概念，就是根据消费者的消费差异把市场整体划分为若干个消费群。每一个消费群都是一个细分市场。垂直市场则是行业市场的上下游产业链整合。企业有生产、运输、定价的能力和话语权。像微软公司就成功占领了IT行业的垂直市场。中石化则占领了我国石油化工业的垂直市场。

很多创业者认为，企业的基本策略就是让产品满足现有的市场需求。然而随着市场经济的发展壮大，新生企业的不断涌入使行业竞争越来越激烈，行业市场逐渐达到饱和。有限的市场容量、大量同类型产品使企业获利越来越少。更多的企业将重点从竞争对手转到了消费者身上，垂直市场的开发，成为企业未来的发展方向。由于缺少一套科学的开发流程，很多企业投入大量精力开发垂直市场却不见成效。为了帮助初创企业解决这一问题，本书总结了一套常用的开发流程：

1. 发现机会

首先企业要发现新的或者潜在的垂直市场机会，对市场进行定性和定量的分析考量。定性分析包括四个方面（见图 4-1-4）。

这四个维度分析之后如果觉得市场与企业的关联性强、市场的扩张潜力大、竞争程度适当且市场风险在可以接受的范围内，就比较适合企业进入。如果在定性分析中发现细分市场存在明显的优势和不足，就需要进一步对细分市场进行定量分析，定量分析包括五个关键因素（见图 4-1-5）。

图 4-1-4 定性分析

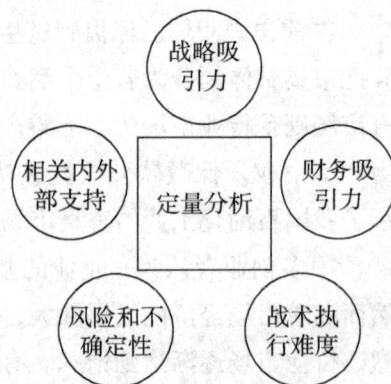

企业可以根据进一步的定量分析，量化评估细分市场，从细分市场中选择最适合企业发展的垂直市场。

2. 了解客户需求

企业深入客户群，与客户交流接触，发掘客户潜在的需求。可以通过市场调研，建立"消费者画像"等模式了解客户的真实需求。

3. 提高品牌认知度

客户对品牌的认知度越高，产品越可能在数量众多的同质化产品中被选中，从而实现成交。在了解了客户的需求后，企业应该加强产品的宣传推广工作。通过聘请代言人、电视广告、微博大 V 进行推广，或通过微信公众号等社交媒体平台进行推广宣传，提高品牌认知度。

4. 针对性的产品服务

在了解需求、宣传推广之后，还是

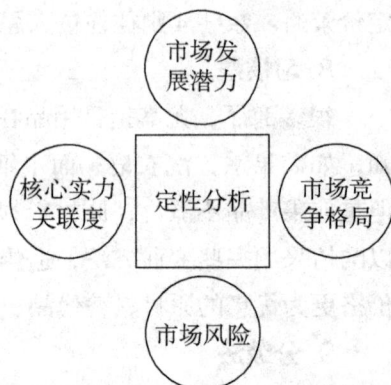

图 4-1-5 定量分析

要把重点放在产品上，企业可以根据用户的需求，有针对性地研发不同的产品和服务，垂直市场的产品研发一般遵循以下流程：先找准细分市场的特征，然后分析企业产品自身的优势和不足，想办法改进不足之处，提升服务质量，最后开始着手实施产品或服务的销售方案。

5.拓展渠道

初创企业的创业资源有限，仅靠自身，渠道效应无法取得最大化。所以，企业要想办法借助外部的力量来丰富产品或服务的销售渠道，如与科研机构或高等学校建立合作关系，依靠行业协会、政府机构或者垂直市场经销商的销售渠道。

6.市场渗透

市场渗透就是企业利用现有产品和市场的基础上，通过改善产品和服务等措施，逐渐扩大销售，提高产品市场占有率的过程。在产品的销售项目完成后还要进行后期的项目评估，总结一下成功的经验或者还有什么需要改进的不足之处，将好的方法分享给垂直经销商和其他销售人员。

苹果就是占领垂直市场的一个典范。它整合了软件平台和硬件设计，尤其是手机芯片的关键元器件的设计，控制并管理了终端及供应链。苹果并非不加选择地整合所有垂直产业链，而是掌握了垂直整合与部分生产程序外包二者之间的一个平衡。苹果负责高新技术的设计整合，组装则交给了远在中国的设备制造商富士康。苹果凭借其他科技公司无法企及的庞大规模，一方面控制着供应链，另一方面使用着外包。确切来说，更像垂直市场的一种混合模式。

（四）差异化竞争：做最能占领用户心智的产品

产品竞争的最终目标就是能够占领用户的心智，"竞争的基本单位是产品的品牌"，因为对于大多数的顾客来说，企业的概念太过复杂了，他们熟悉的是日常生活中常常能见到听到的"品牌"。无论是实体产品还是非实体产品，对于一家企业而言，做产品，归根结底还是在做品牌。企业的核心价值通过品牌来体现，消费者往往会记住的是品牌的名字而不是生产商的名字。

大多数人都是因为使用 Windows 的系统软件，才知道微软；先在淘宝上购物，才知道了阿里巴巴；提起今日头条，大家都知道是一款资讯类的阅读软件，而不知生产它的企业叫字节跳动。很多公司都是凭借消费者耳熟能详的产品，打造出自己的商业品牌，占领用户的心智。

可口可乐可谓是品牌中的传奇（见图 4-1-6），自 1886 年诞生，深受消费者欢迎且经久不衰，品牌名字也是企业的名字，这可以算是一个美丽的巧合，对于可口可乐公司而言，可口可乐这个品牌本身就具有市场吸引力，能够被市场所认可。这个品牌已经成功占领了消费者的心智，其他的诸如工厂、设备甚至可口可乐的配方都没有这个品牌的名字有价值。

图 4-1-6　可口可乐

做好品牌定位，精确匹配用户群，是企业实现价值的有效途径。消费者在购买产品时，最先考虑的就是产品的品牌。提起方便面，我们就会想到康师傅；提起洗衣液，我们会想到立白、汰渍、蓝月亮；提起矿泉水，我们脑子里首先想到的就是农夫山泉。在消费者眼中，品牌承担了产品的绝大部分价值，可以在购买过程中降低顾客的信任成本，唤起用户心中对品牌的熟悉感，让消费行为轻松顺畅。

在找准了产品定位以后，还要进一步加强产品与同质类产品的差异化，对于消费者来说，选择你的品牌一定要有一个充分的理由。怎样彰显这种差异化？怎样给消费者选择的理由呢？最简单有效的方法就是根据产品特点，简洁明了地把这种差异表现出来。

如果你的产品市场销量很好，就可以用数字把你的销售量表达出来，就像大家在淘宝买东西时，总会留意一下这件商品的成交量是多少，如果你的产品在市场上供不应求，那么对客户对投资人都有很大的吸引力。如果你的产品是某个品类的开创者，在你之前市场上没有这件东西，那么仅仅凭借前无古人这一点，你的产品已经足够吸引人了。如果你的产品是年代久远的老字号，或者一代人的儿时记忆，则可以借助消费者的怀旧心态做卖点，这种情怀对于消费者也极具吸引力。

除此之外，还可以锁定某一群体，指出产品对这一特定群体的影响力，就像步步高点读机，"哪里不会点哪里"锁定的就是中小学生群体和工作繁忙无暇顾及孩子的学生家长，并成功占领了这个消费群体的心智。

产品或服务与同行业竞争者的差异点，是产品的核心价值所在，也是顾客选择你而不选择其他人的理由。所谓的差异化，不是产品生产者心中的差异化，而是消费者认可的差异化。对于新类型的产品来说，无须过分强调，市面上独一份的差异人人都能看明白；而对于市场竞争激烈且消费者已经对其他品牌有一定认知度，产品的差异化就要占据主特性。以飞鹤奶粉为例：

> 我国奶粉市场的竞争激烈，且都主打好品质、有利于宝宝的身体健康。飞鹤奶粉过去的广告体现了奶粉"好牧场、好工厂、好配方"等多个优点，却没有说出飞鹤与其他奶粉的差异。既然都是品质好，消费者为什么选择你呢？

> 飞鹤在深思熟虑后对产品做了重新定位，新的广告词"飞鹤奶粉更适合中国宝宝体质"，利用了消费者心中具体情况具体分析、"一方水土养一方人"的心理常识，成功地与其他奶粉生产商区别开来，并抓住了消费者新鲜感的时机，通过饱和攻击把这种特性打进消费者心智，把"更适合中国宝宝体质"与飞鹤画了等号。

在互联网引领下的信息爆炸时代，海量的碎片化信息让消费者眼花缭乱，过多的信息会使消费者自动屏蔽掉认为没用的信息，所以产品的定位一定要足够鲜明亮眼，不要让客户花费时间和精力猜测你的差异在哪里，而是直接让他们知道。

除了消费者的信息接收容量有限外，消费者对品牌的认知还有专一的局限性，一旦对品牌形成了行业印象就很难改变。像康师傅就是卖方便面，如果有一天他突然想扩大商业版图，开始做家用电器，消费者应该很难接受。这一点上阿里巴巴的做法值得初创企业借鉴，它的产品一直以来都是使用独立的品牌，如淘宝、支付宝、天猫超市等，虽然种类繁多，涉及的领域也不同，消费者仍然认同他们的专业性。创业者在商业计划书中一定要注意体现出产品的差异化，生产最能占领用户心智的产品。

（五）营销策略：有无病毒传播能力

以顾客需求为出发点，根据顾客的消费习惯有计划地组织商品销售活动，就是营销策略。在商业计划书的公司业务介绍部分，要向投资人阐述产品的营销策略，好的营销策略可以为商业计划书加分不少。

随着互联网经济的飞速发展，病毒式营销已经成为众多企业常用的营销策略，之所以称之为病毒式营销，是因为这种营销方式有像病毒一样的快速传播力度和广度。

1. 病毒式营销的特性

第一，作为病毒式营销的前提条件，公司需要让他们的产品对客户有价值。产品的价值越高，信息发散的速度就越快。病毒式营销使用的方法就是让客户将产品相关知识和资源信息推广出去。

第二，通过其他人的信息交流渠道和传播行为，病毒式营销构建通信平台并提供可以交换的信息，以便用户和用户可以相互通信以实现赢利。最有创意的病毒营销计划可以达到使用他人资源来宣传自家产品的目的。

第三，充分利用互联网的全球性、即时性和互动性的特点，企业可以在很短的时间内快速向全球数千名用户传播信息。携带营销信息的媒体文件像病毒一样快速复制和传播。通过即时消息、论坛和电子邮件，信息的传递是免费的。互联网用户成为一种信息来源并传播给别人。

第四，几何倍数的传输和高效率的接收。病毒式营销是自愿的、广泛的信息传播，人际关系和群体交流是其传播渠道。信息来自熟悉的人，消费者信任度更高，有利于减弱消费者对于无处不见的媒体广告的抵触心理。

2. 实现病毒式营销的途径（见图 4-1-7）

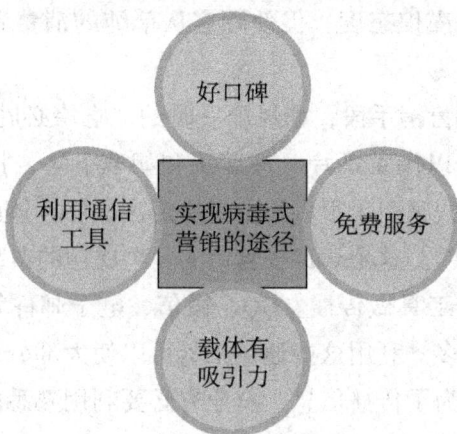

图 4-1-7　实现病毒式营销的途径

（1）为人称道的好口碑总是最有效的营销手段。出于多种原因，人们会有倾诉欲望，想要告诉别人他们的经历。这种言语交际对人的影响非常大，它是人类交流的最常见也是最有效的手段，人们对于口头言语往往表现出高度的信任。在竞争激烈的互联网时代，"口碑"这个古老词汇仍然显示出神奇的力量。

（2）提供免费服务和产品。如果一种产品或服务是免费的，它将获得极大的关注度。"免费"这个词是消费者始终关注的一个词，在大多数情况下，免费下载，免费赠送，免费服务，通过提供免费的服务和产品，增加产品的使用人数，企业可以从中赚取一定的广告费用并得到有价值的数据信息。

但是这种"免费"的活动并非完全免费。例如，当用户开始使用这样的产品或服务时，它是免费的，如果想进一步体验更多服务，则需要支付一定的费用。像视频网站的 VIP 免广告服务，初期的免费只是为了得到消费者的关注，这种营销手段在病毒式营销的早期阶段较为适用。

（3）承载信息的主体必须具有吸引力。在消息的结尾处标明"请将此消息转发给更多的人"不是病毒式营销，这种营销不会增强消费者对产品的好感度，这种单一的形式对消费者缺乏吸引力。

创新总是会吸引消费者，病毒式营销也需要不断创新，让企业的营销理念更加鲜活，将加工、美化后具有显著吸引力的产品信息传达给消费者，打破消费者的谨慎态度，促使顾客从单纯的消费者转变为积极的传播者。

创新的病毒式营销手段，如风靡一时的"吃垮必胜客"。必胜客推出一个活动，顾客可以用黄瓜片、菠萝块和胡萝卜等，搭出7层的沙拉拼盘，这种新奇的吃法吸引了很多消费者决定去必胜客体验这款沙拉，这导致了必胜客销量大增。这是病毒式营销的一个成功的典范。

（4）使用通信工具做传播。QQ、微信、电子邮件等通信工具，成本低，更直观，用户多。利用这些通信工具可以使大部分人积极参与到病毒式信息传播中来。为了传播信息，企业有必要利用熟悉的媒体进行病毒式营销。

可口可乐和QQ在2008年开展了一次合作，两家公司联手在线传递火炬，如果同意参与网上火炬传递活动，你的头像旁边会显示一个灰色火炬图标。10分钟内邀请朋友参加火炬传递，火炬就会被点亮，并获得可口可乐的专属QQ皮肤。可口可乐公司成功地进行了推广并成为使用通信工具开展病毒式营销的典范。

（六）渠道策略：哪些渠道有独家优势

产品营销体系中的重要组成部分之一是渠道策略，好的渠道策略可以降低企业成本，提高竞争力。常见的销售渠道策略有以下几种（见图4-1-8）。

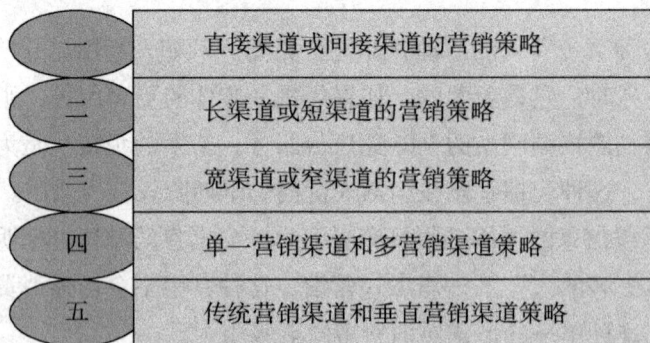

一	直接渠道或间接渠道的营销策略
二	长渠道或短渠道的营销策略
三	宽渠道或窄渠道的营销策略
四	单一营销渠道和多营销渠道策略
五	传统营销渠道和垂直营销渠道策略

图 4-1-8 销售渠道策略

随着市场的不断发展，营销渠道也在不断变化，旧的渠道模式已无法适应不断变化的新环境。初创企业要根据企业的商业模式、产品特性，选择适合自己的渠道策略。以安利在中国的渠道转型为例：

Amway（安利）成立于 1959 年，是世界知名的日用品制造商，产品销往世界 80 多个国家和地区。安利有 5 个系列、400 多种产品，员工数量超过 1.2 万名，其中营销人员超过 300 万。2002 年，安利以第 27 位的排名出现在全美 500 家私营大企业中，在家庭和产品制造公司中排名第 4，经过 45 年的持续增长，总资产已达 400 亿美元。安利的两位创始人是推销员出身，所以安利在过去 50 年内都是采取直销的营销方式，但这种营销模式在中国遭遇了"滑铁卢"。

1995 年安利进入中国市场，想在中国掀起安利直销的风暴，耗资 1 亿元在广州建立起现代消费品基地。然而，各种打着直销旗号实则传销的诈骗活动扰乱了安利的市场前景。1998 年国务院颁布《关于禁止传销经营活动的通知》，直销活动被彻底禁止。安利开始探索在中国市场发展的新方式。变直销为"专卖店＋雇用推销员"的模式，安利 40 来年通过直销商销售产品的传统完全被打破了，消费者可以直接去商店选购产品。新的渠道策略和中国的国情融为一体。

安利的渠道转换带来了巨大的市场优势。2003 年 8 月，安利在大中华区域的销售额超过美洲，中国已成为安利全球最大的市场。安利的执行副总裁说："我们专注于中国市场，在尊重中国民族的前提下，遵守中国的法规，改变商业模式，最终赢得了中国市场。"2002 年，翰威特咨询公司在《亚洲华尔街日报》发布了"2001 年亚洲最佳雇主奖"，安利（中国）名列其中。根据 2004 年年初独立市场研究公司的调查，安利已经在中国实现了分别为 93％和 75％的知名度和美誉度。

适合自己的渠道策略可以增强公司在竞争中的优势。但在选择渠道策略时不是单看哪些渠道有独家优势，而是企业根据产品情况选择渠道来显现出自己的独家优势。如果安利在进入市场之前先制定详细的商业计划书，做好市场调研，提前选择好适合自己的营销渠道，完全可以避免前期的商业困境。

（七）地区策略：产品将在哪些地区集中发力

地区策略是指公司或组织在产品发展一段时间内的区域选择、计划和战略。公司通常采用的区域竞争战略如下（见图 4-1-9）：

1. 多点竞争策略

宾夕法尼亚大学的陈明哲教授多年来一直致力于在动态竞争条件下竞争对手之间进行攻击和反击的战略研究，并提出了多点竞争策略。根据多点竞争策略理论，所谓的多点竞争中的"点"是"市场"，其含义包括以下几点：区域市场或者国

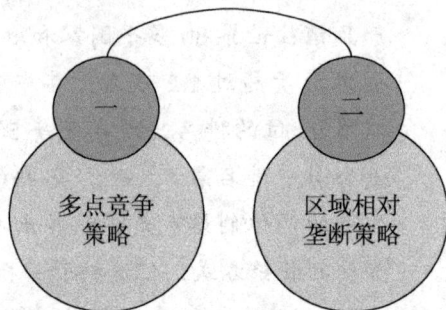

图 4-1-9　区域竞争战略

家市场，例如天津市场或者中国市场；细分市场，例如笔市场下的钢笔市场、毛笔市场、圆珠笔市场；一个产品生产销售线或者一个经营单位，例如空调或者专门生产空调的公司；以上各个部分的不同的组合，例如天津地区的空调市场。

从这几点来看，如果一个企业有多个地区、多个细分市场、多个产品线或多个行业的子公司，该公司在多点竞争中比较具有优势；相反，就存在更多的竞争劣势。在多元化的公司集团中，市场是子公司以及区域市场（例如，某个国家冰箱市场）的组合。从某种角度来说，市场是商业世界的战场。在不同的特定战场上利用多点竞争理论和方法，企业就可以总结出广泛适用的策略。

（1）积极的攻击策略：如果企业甲具有多点竞争攻击的优势，企业乙有多点竞争反击的劣势。接下来，企业甲可以集中各个市场和子公司的资源，对企业乙采取积极的攻击策略。企业乙将会被迫退出市场。

（2）纠缠进攻策略：企业甲察觉到企业乙正准备进入一个目标市场，该市场对企业甲非常重要。企业甲就可以采取纠缠进攻的战略。根据这一战略，企业甲去进攻企业乙的主要市场，迫使企业乙暂时停止进入新的目标市场，转而防范企业甲对其主要市场的攻击。

（3）诱骗策略：现在企业甲和企业乙围绕着一个主要战场竞争。有竞

争力的企业乙觊觎企业甲的目标市场A。并且目标市场A对于企业甲更为重要，企业甲为了阻止企业乙，使用诱骗策略，首先假装退出主战场，诱骗企业乙改变战略方向，先把资源用于争夺主战场而放弃争夺目标市场A。

（4）积极进攻和诱骗撤退相结合：企业乙准备进入目标市场A，企业甲有所察觉，为了在目标市场A上获得控制权，企业甲假装退出正在与企业乙竞争的主战场，使企业乙长驱直入把大量资源用于占领主战场，企业甲就可以进攻目标市场A，抢先夺取市场份额。

（5）正面进攻和诱骗进攻相结合：企业乙准备进入目标市场A，企业甲有所察觉，为了在目标市场A上获得控制权，企业甲佯装进攻与企业乙竞争的主战场，使企业乙因害怕丢失主战场而改变原来的战略意图，将大量的资源用于保卫主战场。企业甲就开始长驱直入，进攻目标市场A。

以宝洁和麦斯威尔的地区竞争为例：

区域市场的竞争反击

麦斯威尔（Maxwell House）是在美国咖啡市场占有很高份额的老公司，而宝洁公司是该行业的新进入者。宝洁Folger咖啡的市场主要在美国南方，为了增加市场份额，宝洁公司决定使用赠送大量礼品的方法进入美国北部的克利夫兰市场。考虑到宝洁是一个非常强大的竞争对手，麦斯威尔以同样的方式立即进攻了美国南部的堪萨斯州。宝洁并没有就此止步，而是立即在北部的匹兹堡开始第二轮攻击。麦斯威尔别无选择，只能进攻南方另一个城市达拉斯。第二轮结束后，双方结束了这场战斗。与此同时，宝洁起诉麦斯威尔违反《反垄断法》，但法院没有判决其胜诉。

除了应用区域竞争战略外，多点竞争还可以应用于产业竞争、客户竞争、产品竞争等，这里不再赘述。

2. 区域相对垄断策略

最具竞争力的手段是消除竞争并形成相对垄断。企业通过自身建设、收购、兼并，形成在区域内相对垄断的地位。通过对该区域的控制，实现价格稳定，减少不必要的成本，才能最终提高竞争力，消除现有市场的恶意竞争。对该地区的相对垄断是区域竞争的有力工具。许多公司通过区域垄断取得了成功。一般而言，区域相对垄断计划包括自建、兼并、收购、合资或形成战略联盟。

应当指出的是，地区内的过度垄断会使人们变得懒惰，会使企业家失去创新和热情，从长远来看，它可能无法帮助公司发展。除了在区域竞争战略的应用，相对垄断还可以应用到产业战略、顾客战略和产品战略。创业者在商业计划书中分析公司竞争优势时可以将产品的地区竞争策略加以分析，好的地区策略也是公司竞争的有力武器。

二、竞争壁垒与护城河的构建

投资人在做投资分析时，会重点关注企业是否具备竞争优势，一个没有竞争壁垒的企业，即使当下的赢利多，也往往是因为市场上一时的供需缺口所致，没有可持续性。而有强大护城河并不断拓宽护城河的企业才能基业长青。因此，创业者在撰写商业计划书时要对护城河理论有深入的理解，并建立自己的护城河，才能立于不败之地。护城河的构建主要有构建高品牌认知度、推升进入成本和构建多重准入壁垒三大策略。

（一）构建高品牌认知度

很多公司都希望拥有高认知度的品牌，具体实施起来才发现困难重重，品牌的高度是多少？品牌高度与品牌之间的关系是什么？品牌广告到处都是，是否代表着品牌高度？媒体的大量宣传是否代表着品牌的高度？消费者的一致认可和赞扬是否代表了品牌的高度？创业者要先想明白这几个问题，理解品牌认知度的意义，再着手撰写商业计划书。

如何构建品牌高度可能是许多企业家常常在思考、谋划的问题。事实上企业的品牌高度不是由一两个因素就能决定的，品牌高度的决定性因素和内容非常多，不是单一维度就可以表现出效果的，而是企业计划好品牌战略、落到实处的良好结果。即使是同类品牌，市场高度的决定性因素也不尽相同。例如，evian（依云）（见图 4-2-1）和农夫山泉（见图 4-2-2）都属于饮用水市场，但决定两个品牌高度的核心因素却截然不同。

图 4-2-1　依云　　　　　　　　图 4-2-2　农夫山泉

农夫山泉饮用水在中国饮用水行业最有影响力，它的品牌构建核心是高品质、良好的水源地以及独特的广告创意。农夫山泉的广告词"我们不生产水，我们只是大自然的搬运工"广为人知，与网易云音乐的合作也加强了传播力度。但实质上，农夫山泉品牌的成功还是基于"安全可靠＋可靠的天然优质水"的市场影响力的延续性构建起来的。

我们熟知的另一种国际饮用水 evian（依云），产品营销则充满欧洲高品质水源的国际范儿，主打高端的品牌基调。依云总是出现在高档餐厅、咖啡馆中，很少在普通超市中出现。喝依云水成为许多高端家庭和城市精英的标签。evian 品牌的高度建立在"高品质不妥协生活"的理念之上。

通过分析上述两种产品的品牌高度成因，可以看出有很多要素决定品牌的高度，其表达形式也复杂多样，并随时代潮流推陈出新。但最终，它的目的是要达到实现品牌高度的关键点，即消费者的品牌认知、市场认可能力和顾客的记忆度。

建立了高认知度的成功企业，其核心特征是什么？以华为为例：

华为的发展史就是奋斗者的日记簿，华为成为有国际影响力的中国品牌，是公司上下团结一心、不懈奋斗的结果。如何在众多国际品牌中有竞争力？是什么成就了华为品牌的高度？关键就在于华为的核心技术和良好的用户服务。无论在传统电信行业，还是信息化的当下，华为的技术输出都清晰地显示在消费者日常最熟悉的智能硬件领域。特别是以智能手机为代表的 C 端产品。华为最引以为傲的就是自己的科研技术，虽然在新产品发布时也会聘请代言人，利用媒体进行广告宣传，但这些都是辅助手段，高新技术的不断研发才是华为领跑智能手机行业的核心因素，也是形成华为品牌高度的最重要因素。

总体来看，构建高品牌认知度的因素有四点：

（1）树立价值观的影响力：价值观的影响力是实现品牌长期效应和伟大高度的核心力量。价值观始终是人类历史上保护伟大事业的重要武器，也是产品服务的基石。企业的价值观没有影响力，很难成就高的品牌认知度。

（2）强大的核心竞争力：产品可以不断优化用户体验，提高创新性，这就要求企业必须拥有强大的技术支持，利用技术和服务逐渐培养出一个庞大的用户群。

（3）创新的品牌洞察力和营销能力：创新可以使品牌在时代的飞速发展中基业长青。可口可乐 50 年前已经取得了市场领导地位，但今天它仍然是产品营销的典型代表。在营销创新方面，可口可乐一直走在市场前列。

（4）保持长效：建立用户和市场对品牌的认可，必须持之以恒保持长效。品牌的高度不是企业家在嘴里说的高度，也不是创业者设想出来的高度，而是最终产品的市场价值。当品牌放弃原来建立品牌高度的基石时，自己就被否定了。例如，苹果公司在过去的几年里，品牌的影响力受到极大挑战，除了更为成熟的市场，好像再也没有史蒂夫·乔布斯时代不断创新的精神了。

构建高品牌认知度，不是基于生产者，不是基于卖家，而是基于客户的角度建立品牌管理。为何建立以客户为导向的品牌定位？因为以客户为导向，可以更贴近生活，对产品推广和销售更有用。

产品让人耳熟能详，顾客购买你的产品无须考虑太多，这就是高品牌认知度的表现。品牌的高度不是创业者在商业计划书上写出来的梦想，更需要科学理论支持和与之匹配的执行能力。因此，使用当前的认知来使品牌超越这个认知阶段是创业者的悖论和妄想。构建高品牌认知度，为品牌创造高价值的唯一捷径是提高创业者的认知能力，按照商业计划书上的规划一步步去实现公司的发展战略。

（二）推升进入成本

进入成本是新产业想要进入市场、参与市场竞争需要付出的成本。因为产业内的企业已经建立了一定的优势，新企业想要进入市场必须承担一种额外的生产成本，进入成本的高低反映了市场内已有企业优势的大小，也反映了新进企业所遇阻碍的大小。原有企业为了构建企业的护城河，可以采取推升进入成本的手段组织新企业进入，以防市场竞争过于激烈。一般可以通过以下方式推升进入成本：

1. 规模经济

规模经济意味着产品的单位成本将随着公司在一定时期内产生的产品和服务数量的增加而减少，适用于几乎所有的企业业务，如原材料购买、技术开发、产品制造、销售、售后服务等。规模经济迫使新企业想要进入行业市场就要加大投资，扩大生产的规模，或者为了规避风险只能在小规模上进行，使新企业的竞争力降低。

2. 资本需求

资本的需求，使新企业进入市场的壁垒变高，企业在生产设施和前期宣传的投入越大，进入成本就越高。原有企业希望通过建立障碍以阻止新企业进入该行业，例如，施乐采取复印机租赁而不是卖的方式，使自身的流动资金增加，让准备进入行业的新企业望而却步。这构成了该行业现有参与者的优势。当然，资金雄厚的公司仍然有能力进入这个行业。

3. 建立销售渠道

新进入者进入行业，但是产品的理想分销渠道已经被原有企业占据，必须通过降价、增加广告费用等方式促进其产品被分销渠道接受，这些都阻碍了企业进入该行业。例如，当新进入者进入商场时，必须从原始货架空出新产品的位置。为了使零售商出售新产品，企业必须做出一定程度的利益牺牲。通常，现有公司已经与管理批发渠道或零售渠道建立了合作关系，这种关系可能是排他性的。如果新进入者无法进入原有渠道，只能花费更大的成本建立新的渠道，或者放弃进入市场。

4. 政策有很强的进入壁垒

政府通过行政措施和法律手段限制或阻止企业进入该行业。这些措施侧重于政府管理，如管理各种生产和营业执照、政府污染排放标准的制订等，这实际上增加了对企业设施和设备技术的要求。政策规定延长了新企业的准备时间，让现有企业注意到并进行防御，这也使得新进入者的进入成本增加。

5. 原创产品技术

通过专利保密的形式独享产品和技术设计，防止新进入者模仿商品和制作流程，现有企业还可以利用自己先进入市场的优势来阻止新进入者获取最优资源，使新公司无法获得合适的生产资源。

新企业进入行业有许多障碍以及来自许多利益相关者的压力，但这种障碍有正反两面。原有企业利用这些方法组织新进入者，初创企业也可以利用这些障碍进入市场，通过报复来避免和缓解现有的进攻。分析这些障碍进入入口和行业历史报复现状，可思维逆转，有效避免风险。

初创企业在创业前期往往会信心不足，主要的心理障碍是面对一个新的、充满了未知风险的市场，背负了很大的心理压力，还没有准备好就进入了战场，无法应对瞬息万变的市场竞争。

压力不一定是坏事，反而说明创业者有责任心，这是成功的保证。但缺乏规划、盲目工作并不是成熟的创业者应该做的事情，需要一种科学的工作方法来弥补这一点。解决这个问题的方法就是制定商业计划书，先明确行动计划并在实施过程中予以校正。

（三）构建多重准入壁垒

准入壁垒，也是指行业外其他公司或品牌进入该行业必须付出的代价。追求消费者忠诚度的公司都试图建立自己行业的"市场壁垒"，以阻止其竞争对手的大规模入侵。

构建准入壁垒可以从多个方面入手，下面以饮料和烟酒市场为例，为创业者分享一下构建准入壁垒的多重途径：

1. 品牌壁垒

"品牌壁垒"是指利用品牌效应来保护产品，消费者想到或提及某类产品，首先会想到的是你的品牌而不是其他竞争对手的品牌。大的品牌往往通过长期不懈的品牌形象塑造和历史、文化、政治等内外因素的有效整合，形成坚实的"品牌障碍"，并拥有一批稳定的忠诚消费者。例如宝马车。

作为一个汽车产品，宝马可以在一众汽车中脱颖而出，并成为一个经典的品牌，历史渊源与产品质量无疑是最重要的因素。在中国，宝马是高知名度、高销量的汽车品牌之一，提起汽车，人们总绕不过宝马，这就是品牌的魅力。

而品牌壁垒的构建离不开企业的广告宣传，宝马汽车的很多广告文案，都被文案人员拍手叫绝。如（图 4-2-3）所示，宝马的经典文案：

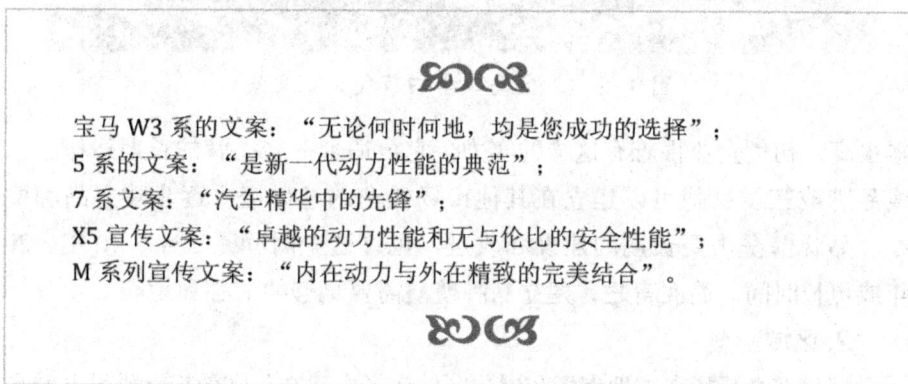

ᯓ

宝马 W3 系的文案："无论何时何地，均是您成功的选择"；
5 系的文案："是新一代动力性能的典范"；
7 系文案："汽车精华中的先锋"；
X5 宣传文案："卓越的动力性能和无与伦比的安全性能"；
M 系列宣传文案："内在动力与外在精致的完美结合"。

ᯓ

图 4-2-3　宝马品牌宣传文案

前期的宝马文案风格都更偏向于对产品功能或硬件设施的描述，文案相对而言较为理性。进入中国后，宝马的文案人员因地制宜结合中国国情创造了一套二十四节气的宣传文案，如（图 4-2-4）所示：

海报采用中国传统的水墨画风格，中国韵味十足。而大寒这一节气，是最后一个节气，属于寒冬季节。其文案"初心炽热不朽，无畏严寒征程"意境十足，与水墨画的表现形式也十分协调。在品牌传播过程中显得力量十足。

宝马汽车历史悠久，文化底蕴深厚，品牌知名度高，经营多年，最终牢牢占据了世界高端汽车品牌的领先地位。但是，这种品牌壁垒的建设成

图 4-2-4 宝马二十四节气大寒文案

本很高，初创企业很难有这样的实力，它最适合一线品牌的长期运作。二线品牌或三线品牌可以建立在其他市场壁垒的基础上，逐步建立品牌壁垒。品牌壁垒需要长期的建设和改进。也许这个时间是 5 年、10 年、20 年或更长时间。简而言之，建立品牌壁垒需要足够的信心和耐心

2. 区域壁垒

区域壁垒是指在本地市场和周边区域市场中建立品牌效应，借助区域品牌及其固有的亲和力，企业强大的地方认同感，牢固地建立起区域性壁垒"。

例如，抖音和快手两大竞品。进入互联网时代，文案、图片、GIF 动图，再到 2018 年的短视频，商业形式越来越多。而抖音与快手两大短视频 APP 无疑是短视频时代的佼佼者，它们快速的侵占用户心智，成了一个巨大的流量门户。

同为短视频 APP 二者的定位却有所不同，抖音的市场主要针对在城市生活的年轻人，快手则主打三农视频，吸引农村用户群。二者对市场的定位既体现出了品牌特色，又构建起了一个对其他品牌来说难以实现的"区域性壁垒"。两大 APP 占据了我国短视频市场超过半数的市场份额。用户数量不断上涨。

但是，随着市场经济的快速发展，"区域壁垒"在当前日益开放的市场竞争环境中也存在一定的风险。例如，在相对开放的区域市场竞争环境中，其他竞争对手可以联合起来，将更高的市场投资，更精确的营销策略和更个性化的新产品相结合。突破他们精心构建的"区域障碍"。因此初创企业在构建区域壁垒的同时也要举一反三，学会突破区域壁垒。

3. 渠道壁垒

渠道壁垒是指利用品牌对餐饮、超市、烟酒专卖、夜市等主要子渠道的准确分析，选择一个最适合自己品牌的主要攻击渠道，将资本和精力专注于一个方面，在短时间内为自己的品牌建立最稳固的市场防御。例如，王老吉凉茶最初从建立食品和饮料市场的渠道壁垒入手，集中精力开拓餐饮市场，主打王老吉凉茶的去火效果，成了热衷于吃火锅、川味等辛辣菜消费者喜欢的饮料。今天，王老吉凉茶不仅是饮料市场上的凉茶领导者，也是中国市场上的凉茶领导者，销量甚至超过了中国市场的可口可乐。

然而，渠道壁垒容易被竞争对手以更高的渠道建设成本和新的促销活动突破。因此，建造渠道壁垒只能作为企业的短期战略。从长远来看，应该建造其他有效的市场壁垒。

4. 习惯壁垒

习惯壁垒是指通过长期不断培养消费者使用自己品牌的习惯，让消费者逐渐适应其产品或服务的特殊和使用方法，而不能接受其他竞争对手的产品。

例如，目前市场上，智能手机的系统可分为 Android 系统与 iOS 系统，但是哪个系统更具优势，这个问题一直以来都备受争议，但是也没有明确的答案。对于喜欢 Android 系统的用户来说，Android 系统可玩性更高，扩展性强，同时因为品牌众多而具备高选择性，充电也十分迅速，自然认为 Android 系统好用。而支持 iOS 系统的"果粉"认为，iOS 系统有着最流畅的系统体验，对软件的质量把控更高，同时页面整洁能够带来更强的使用体验，最重要的是与第三方软件捆绑少，安全性更高，因此对 iOS 系统情有独钟。

"习惯壁垒"的市场风险在于长期的潜伏期，企业是否能够坚持这个长周期是至关重要的。但是，一旦形成基于"习惯壁垒"的广泛认可，将会有大量长期忠诚的消费群体。

通过上述对构建有效市场壁垒的四条路径的综合解读和分析，相信创业者可以理解其重要性，以及掌握每条路径的优点和缺点。希望通过这一节的分析，可以帮助或激励企业在市场竞争中建立有效的市场壁垒，并在商业计划书中将计划和构思展现给投资人。

三、未来竞争优势：凭什么你能笑到最后

商业计划书中既要展现出企业当下的竞争优势，又要展现出企业对于未来竞争的战略规划。在百舸争流的市场竞争中，凭什么你能笑到最后呢？凭借的就是你的竞争优势，未来竞争优势有两个方面需要在商业计划书中阐述清楚，一是面对当下竞争对手与巨头的生存优势；二是在大量的竞争对手涌入之后如何继续保持优势。

（一）面对当下竞争对手与巨头的生存优势

相信很多的创业者都会发现，初创企业的市场形势越来越严峻。不止大的市场，就连很多细分市场都已经被大公司所占据。开始创业的公司应怎样去参与当下的市场竞争，在巨头林立的市场环境下占据自己的一席之地？有三个方面的策略可以学习（见图4-3-1）：第一，要走与商业巨头有差异的差异化之路；第二，可以借力于商业巨头；第三，进行产品或技术创新。

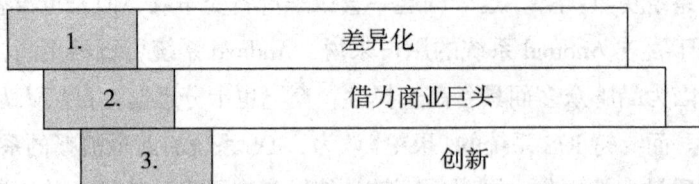

图4-3-1　初创企业生存竞争策略

1. 差异化

在之初公司成立，决定未来的方向时，初创企业可以避免与巨头直接竞争。第一个区别是公司的业务领域存在差异。例如，在互联网领域有许

多大公司，互联网企业在创业时很难避开 BAT（百度、阿里巴巴、腾讯），但可以垂直划分互联网行业并专注于垂直市场。近年来，在中国发展起来的互联网公司已经开始走上这条道路。例如聚美优品，实际上是一家电子商务公司，最初专注于垂直销售，即商品销售。通过开发一个专注于女性的电子商务平台，发展速度非常快。因此，在创业早期，特别是在互联网行业，专注于垂直领域，成功的可能性非常高。

另外，可以关注 O2O（线上线下联合营销）。O2O 是一个热点。许多大型平台的离线活动基本上都很小，如果想加入这个行业的竞争，可以将线下的业务做大，避开大平台的锋芒，在竞争对手和行业巨头当中获得生存空间。

第二个区别是可以制造差异化的产品和服务。与行业巨头竞争，只要产品和服务有一定的差异，就会有生存和发展的空间。以陌陌和 YY 为例，陌陌是面对陌生人的社交平台，微信则是面对熟人的社交平台，陌陌通过服务的差异化避开了与腾讯的竞争。YY 则是为游戏用户提供一个语音聊天的工具。事实上，腾讯也曾涉足过这一领域，但不知为何中途停止了，等它再想继续做的时候，YY 已经发展成为一个比较好的平台。用户的覆盖率高达 70%。因此，做行业巨头不做的市场空白，将这片空白做到极致，也可以获得一定的生存空间。

2．借力商业巨头

利用商业巨头的巨大影响力帮助企业获得生存空间。这里的借力有两个方面，一是做商业巨头的配套，以避免直接竞争。在中国商业战争史上有一个非常有趣的案例，那就是华为和港湾的战争。港湾的创始人之前是华为公司的技术高管，后来脱离华为开始自主创业成立了港湾，在华为的一系列竞争压制下，该公司受到了限制，随后与华为达成了合并意向，最终回归华为。因此，避免与这些公司直接竞争，不要以卵击石，做大公司的供货商或分一杯羹，规模和效益也很好。

另一种借力是做行业巨头的产品服务商。例如，可以为大型的游戏公司做加速器服务。选择一条和巨头合作的路，可以打败竞争对手，在巨头的庇护下得以生存，还可以做巨头的朋友。现在 BAT 和很多大行业的竞争都非常激烈。如果你的竞争对手是 BAT 的敌人，那你就成了 BAT 的朋友。一个典型的案例就是金山网络，2016年360安全卫士以免费的模式迅速把市场做大，金山的市场份额被抢占了不少，同时360安全卫士开始了与BAT的竞争。这个过程当中，腾讯和百度为了打击360安全卫士，决定扶持金山，给金山注入大量资金，才有了金山现在的发展。

所以在创业初期，可以选择做商业巨头的小兄弟，先发展壮大，再垂直发展，这样风险会小很多；或者借助巨头之间的竞争，寻找机遇坐收渔翁之利。

3.创新

最终的战略是创新，即微创新、颠覆性创新和原创。

微创新最适合初创企业，原创性和颠覆性的技术要求对于技术还不够完善的初创公司，太过困难。微观的技术创新将为业务发展提供更大的机会。持续的创新能力也是创业型企业必须掌握的基本生产能力。

颠覆性创新和原创最好是针对成熟的商业市场。很多商品做得很好却没有顾客，颠覆性创新和原创也有这种风险，所以这种模式适合资金雄厚的大企业，可以承担得起较大的风险。

做好了这三点，初创企业也可以打败对手，在巨头林立的市场竞争下获得生存的空间。企业得以生存的根基就是企业的生存优势，创业者在撰写商业计划书时要将这种生存优势体现出来。

（二）大量竞争对手涌入后如何保持优势

不断地学习是公司提高核心竞争力的最基本、最有效的方法。学习是公司开创美好未来的能量之源。据《财富》杂志的分析，现在那些最成功的公司都是学习型公司。荷兰皇家壳牌石油公司的规划总监曾经说过这样一段话，当今世界上最大甚至是唯一的竞争优势是能够比竞争对手更快地学习。无论公司过去的成就多么辉煌，只要你停止学习，你就会发现知识和能力在不断老化和退化，这将导致企业在市场上逐渐被边缘化。无论公司是通过自我发展或共同开发，还是通过技术、人才、联盟合作和知识产权市场获得关键技术和技能，都可以逐渐形成企业的整体核心竞争力，在这个过程中持续学习发挥着重要作用。

为了在大量竞争对手涌入后依然保持竞争优势，企业要对市场的发展趋势有一个准确的把握，为创建、强化核心竞争力而不懈努力。核心竞争力的建立不能"一蹴而就"，需要不断地改进和积累才能使其高涨，始终引领和推进企业发展。通过企业的重组和积累，实现核心竞争力的培育和发展。栽培过程主要有三个阶段：

一是发展构成核心竞争力的专业知识和技能。

二是整合这些专业知识和技能建立核心竞争力。

三是发展核心产品市场。市场是实现竞争优势的战场，核心产品所占的市场份额比最终产品所占的市场份额意义更大。

培养核心竞争力的方法有三种：演化法、蕴育法和合并法，如图4-3-2所示。

1.	演化法
2.	蕴育法
3.	合并法

图 4-3-2　培养核心竞争力的方法

演化法是指团队的领导者选择目标，所有员工向着一个目标努力工作，力图在合理的时间内建立核心竞争力；蕴育法要求企业成立专门小组，全力冲击企业选择的目标，在2~3年内培养出企业的核心竞争力；合并法是首先选择理想的核心竞争力，然后并购有这种能力的企业。

无论是个人还是企业，要先具有竞争优势，才能谈得上如何保持竞争优势。首先，创业者要明确目前的竞争优势是什么。是专业的高新技术吗？技术是不断更新换代的。凭借技术始终引领行业并不容易，关键是要维持好技术人员的稳定性。是产品的用户群吗？客户也会喜新厌旧，他会不断对产品提出新的要求，企业需要提升产品质量又不能涨价太多，这需要企业拥有持续的造血功能。

无论是初创企业还是已经拥有一定行业地位的大企业，都需要具有高度的危机意识，知识体系应不断更新，与时俱进，不落后于时代潮流才能保持竞争优势。

在商业计划书中将企业当前的竞争优势和未来保持竞争优势的战略方案计划好，可以帮助创业者对企业的未来有一个完整的规划蓝图。这种长远又明晰的发展规划会增加投资人对公司的好感。

第 5 章

核心团队：初创公司的最大价值所在

一个初创企业的执行绝对不能仅仅依靠创业者一个人，而是靠整个核心团队的团结协作。团队协作得越好，公司的执行力就越强，尤其对于资金不足、制度不健全的初创企业，可以说团队的执行效果完全依赖于团队的协作能力。核心团队，是初创公司的最大价值所在。什么样的核心团队最能打动投资人呢？这一章着重和创业者分享如何在商业计划书中介绍自己的创业团队，以及投资人钟情于什么样的创业团队。

一、梦幻团队最能打动投资人

企业的管理从来都不是一个人的事。对于创业者来说，整个团队的成功才是真正的成功。在团队中，为了追求个人成功忽视集体利益，即使取得了成功，也往往是苦涩的。虽然能和投资人面谈的可能只有一两个创业合伙人，但可以在商业计划书中介绍整个创业团队的业务能力，例如创始团队的背景、经历；领导人的行业影响力等。一个梦幻的创业团队最能打动投资人。

（一）创始团队出身背景与从业经历

企业的成功往往是领导者一系列决策结果导致的概率事件。企业每项决策的结果都与创业者和创始团队的认知水平、创造力和执行能力密切相关。

在初创企业的融资早期，大多数的投资者会说"投资就是投人"。即使公司发展起来以后，这种想法也同样适用。一个好的创始团队意味着好的决策和相对合理的业务路径。对于投资者而言，这种企业创业成功的可能性更大。

许多创业者都知道徐小平（真格基金创始人）和巴菲特，他们两个可以算是投资界大神级别的人物。对于投资，他们说过两段非常有趣的话。

徐小平说："我投资不看风口，不看模式，不看趋势，不看数字，就只看要投资的这个人！"巴菲特说："我只投资那些'傻瓜'都可以操作的公司！"

简单来说，徐小平投资给"学霸"，巴菲特投资给"傻瓜"。创业者听到这种投资理论可能会糊里糊涂，到底谁说得对呢？事实上，这两位投资人的投资对象是处于不同发展阶段的公司。

徐小平是典型的天使投资人，他投资的基本上都是初创企业。聚美优品在发展之初就得到了徐小平的投资。聚美优品能不能得到市场的认可呢？徐小平也不能确定，对于徐小平来说他更看重的是人，他认为人是最有价值的，只要人是对的，企业的商业模式、行业领域随时都可以改。

巴菲特的投资，大多数是针对已经建立完善机制的企业，例如可口可乐公司，对于这种制度健全、发展方向明确的大企业，最重要的不是领导者，而是团队和成熟的架构，这种体制健全的公司即使是"傻瓜"当领导人，也可以顺利发展。

投资的不同阶段，投资人关注的点也不同。投资人选择公司首先要看公司的发展阶段。如果创业阶段，大部分投资人会重视创始团队的背景。从公司团队的背景可以看出创始人是否可能实现他的梦想，整个团队的互补性将决定人员结构是否合理，同时，判断企业要补充哪种类型的人才。投资者会看创始人自己的个性和业务能力，另一方面，会看企业有哪些项目的人才。

大量的创业案例表明，起源于基层、没有创业经验的团队，或没有大公司管理经验的团队，往往很难发展业务。相反，创业合伙人的名气越高、经验越丰富，公司可能会发展得越好。例如前面提到过聚美优品的陈欧，他曾在新加坡成功创立了一个游戏平台，后来被腾讯以1000万元的价格买下；又如"国民爸爸"马云，在阿里巴巴成功之前，有三次创业经历；近年来发展飞快的小米公司，团队更豪华，成员有来自谷歌、金山、微软、摩托罗拉等知名企业的高级管理者。

创业者可以在商业计划书中展现创始团队的背景和从业经历，增加投资人对企业的信心，经历丰富的创业团队更能打动投资人的心。

（二）牛人的兼职与全职要说清楚

商业计划书中对于创业合伙人的全职和兼职的问题一定要说明清楚。在投资人眼中牛人的兼职与全职非常重要，这决定了这个人是否能全身心地参与企业建设。一般初创企业的核心团队不应该有兼职人员。核心人员兼职并不一定导致创业失败，但有许多不利因素。

1. 对创业团队的其他员工不公平

全职企业家为了创业夜以继日地工作，甚至暂时放弃了家庭生活，很多初创企业家在困难中苦苦挣扎，把全部精力投入了公司业务，只为企业能够成功。与此形成对比的是，兼职企业家不能够将所有精力用于运作企业，在完成本职工作之余才能参与创业，这对全职的合作伙伴来说是不公平的。

2. 责任感弱

兼职企业家怕风险太大，会给自己留条后路，这无可厚非。然而，由于兼职人员有退路心理，他们不能形成一个有凝聚力的团队，缺乏效率和积极性，更缺乏企业的主人翁意识，他们的创业激情可能会逐步衰退，最终可能会脱离核心团队。

3. 很难保证工作质量和效率

兼职企业家的工作时间有限，随着项目的进展，进度会落后于全职企业家，工作质量和生产率很难实现全职的业务水平，团队的项目进度会被拖延。

4. 造成股权纠纷

如果兼职创业合伙人占据了企业股票，一旦创业陷入困境，兼职者会丧失信心想要退出。全职者没有退路必须努力工作。按照国家规定，注册股份无法退回，兼职者可以卖出股权或等待企业成功，直接得到资本收益，对于劳心劳力的全职人员极不公正，很容易造成股权纠纷。

很多企业家都想让投资者看好他们的创业团队，所以在商业计划书中介绍团队成员时，把一些有名气的兼职成员当作企业的核心成员介绍给投资人，这种行为一旦被投资人发现，是很容易引起投资人反感的。兼职人员带有很强的投机心理，并不会为了企业全身心付出。所以，创业者在撰写商业计划书时要将团队的兼职和全职加以区分，不要因为面子好看而让投资者对商业计划书的印象大打折扣，并影响后续的接洽。

（三）人脉关系很重要

在选择投资对象时，投资人都会想了又想，谨慎一点，再谨慎一点。但如果是争取熟人的投资则相对容易一些，创业者如果有人脉关系一定要利用，熟人之间的信任度再加上一份优秀的商业计划书，可以帮助你顺利拿到融资，实现自己的创业梦想。

今天，许多人认为投资是一条让钱包鼓起来的捷径。梦想付出一些资金成本就能不劳而获。实际上，投资看似比创业容易，但只有那些在投资道路上投身已久的人才能理解它的风险。

天使投资帮助企业家实现他们的创业梦想。有些企业家仅仅依靠一个创造性的思维就能得到投资，这让一些创业者认为天使投资者的资金特别好拿。这是事实吗？小米的董事长雷军也是一位天使投资人。他的投资有一个很大的特点——只投认识的人，且这个熟人与他的关系不超过两层。也就是说，他通常会投资给自己的朋友或朋友的朋友。

作为国际知名公司的董事长，雷军积累了大量的人脉关系。雷军曾经在中关村工作了 20 多年，他服务过的金山是中国最早发展起来的那一批互联网公司，即使创业者不认识雷军，也有可能认识他的朋友。这些通过人脉关系找到他的创业者是他投资的首选对象。

雷军的许多朋友都在雷军的帮助下创立了自己的公司。对此，雷军说："都是朋友间的帮忙，就把我当成一个热心的大姐好啦。"

雷军认为投资人与创业者之间需要信任，"我为什么把钱投给你，我怎么能知道你是不是一个骗子？"雷军这位"天使"只投资给他了解的人，不投给陌生人。事实上，如果投资者与被投资者之间彼此相互熟悉，即使在制度不够健全、企业前途未卜的情况下，他们也能建立起信任的桥梁。这种信任缓释了投资者的心理负担，赚了就是中了彩票，赔了就当支持兄弟。

雷军投资熟人还有一个原因，要回馈朋友在他的事业中提供的帮助。在雷军创业初期，资金匮乏，举步维艰，他的朋友柳传志（联想集团创始人）提供给他 400 多万元的资金支持，成就了如今的雷军。

受过朋友帮助的雷军深深明白，创业初期的资金对于创业者来说是一辈子都值得感恩的雪中送炭。企业在劫后余生后会以更大的利益来回报投资人，回报社会。做天使投资人、帮助创业公司实现梦想，是雷军回报帮助过他的人、回报社会的方式之一。

目前来看，天使投资是个人创业的重要融资途径之一，但它在中国的发展还不够成熟，处于婴儿期。对于投资人来说，天使投资也是一门生意。只要是生意就会有风险，只投熟人也是为了在一定程度上降低投资风险。

现在的雷军称得上是投资领域的专家，但他从未将投资视作自己的商业重点。投资市场是风险与回报的结合，胜利了就有利润，失败了就是损失。现代市场正在快速发展，隐藏的商业机会巨大。在这样的商业机会下，无数人投入到创业的时代洪流之中。虽然其中一些项目在暴风雨中繁荣，但大部分都埋藏在了历史的洪流里。雷军的微博认证为："小米董事长、金山软件董事长。业余爱好是天使投资。"他非常清楚投资的风险，因此他更谨慎地坚持自己的业务，只把投资作为一种爱好。

项目的开发需要资金支持，好的项目会吸引到大量投资人进行融资。但是，这种投资的风险很大。对投资人而言，自己的命运将和企业紧密相连，荣辱与共。这就像股票投资，如果你有足够的运气遇到一只有潜力的股票，你可以赚很多钱，但是，如果错误地买入，就会赔钱。

二、团队配置分工介绍

团队的配置分工是介绍核心团队时必须包含的要素之一，科学合理的配置分工可以增强团队的战斗力。创业者要在商业计划书中让投资人看到创始人的个人能力、创始团队的职务和业务分配，以及创业团队有过哪些值得赞赏的任职经历和行业成果。

（一）创始人：为什么你能做成这件事

投资人认为创始人身上有什么特质才能创业成功呢？是高歌向前的勇气，还是目光长远的谋略？然而，每个创始人都在商业计划书中声称拥有这些特质，因此没有什么特别之处。

投资人想找什么样的创业者呢？是诚实可靠还是重信守诺？诚然，这两点非常重要，但只有在缺失时投资者才会察觉。每个天使投资人对于完美的创业者都有各种各样的想法，怎样向投资人证明你能做成这件事呢？本书认为，优秀的创始人应该具备以下五种重要的品质（见图5-2-1）：

1. 经验丰富

给初创企业投资是一项非常危险的业务。降低风险的最佳方法是与具有丰富经验的企业家合作。在投资研讨会上，经常会听到类似这样的话：

"不要养普通的马，要养就养千里马。"马之千里者必然有丰富的奔跑经验，不但跑得快，而且跑得久。如果你的创业团队里没有任何人有创业经验，这不是一个好的基础，但是你还是可以通过学习他人的经验，慢慢地了解创业的真谛。

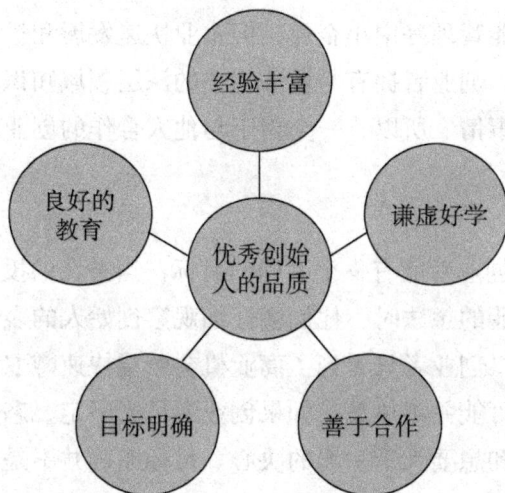

图 5-2-1　优秀创始人的品质

　　一些投资者会把创业失败的经验看得和成功经验同样重要，不要感到惊讶。许多投资人都尊重勇敢地承认失败后又继续顽强拼搏的创业者。什么经验都没有，投资人凭什么相信你？如果你还没有成立公司，建议你可以先加入一个创业团队，积累一下创业经验。

　　2. 谦虚好学

　　天使投资人讲述关于创业者的故事时，都会说到谦虚而且热衷于学习这一品质。谦虚意味着能倾听别人的建议，敢于承认错误，并坚持学习充实自己。天使投资人愿意向初创企业分享成功经验，因此，他们喜欢能倾听别人讲话并乐于学习的人，他们不喜欢自认为什么都知道的人。

　　要以不同的方式谦虚好学。例如，创始人打断投资人的问题并且在不理解问题的情况下回答得非常浅薄，投资者可能会认为创业者不想学习它。认为投资人是在故意找茬、准备反击的创始人也会被认为不谦虚好学。天使投资人往往不喜欢那些不需要任何帮助的创始人。相反，创始人应该敢于承认不足并倾听天使投资人的建议。

3. 善于合作

除了个人能力的出众，天使投资人还看重创始人的管理能力。如果创业者个人能力有一些小小的不足，他可以通过挑选适合的团队成员来互补；一个人也许能管理好中小企业，但企业快速发展和扩大融资后就需要一个团队来管理。创业者拥有与业务相关的深层领域知识是非常好的，但很难单独做所有事情。所以，一个善于与他人合作的创业者是投资人很乐意见到的。

4. 目标明确

投资人希望创业者能有一个明确的目标，当潜在的投资人要求企业家描述如何发展企业的想法时，他们会仔细观察创始人的表情以找到真正可靠的创始人。如果创业者只看到了商业机会希望快速赚取利润，他对自己正在从事的业务可能并不热衷；如果创业者目光坚定、态度诚恳，说明创业者有明确目标和想要大干一场的决心。目标明确并不是说一定要有造福人类的大型社会目标，只要有一定的社会效益即可。

例如，开发更好的软件来支持小企业的运营；产品致力于使孩子的抚养变得更容易，让父母的生活更轻松；企业家经营当地的健康食品商店，产品都是绿色食品。这些公司关心客户的生活需要并尝试解决客户问题，天使投资人会对这些脚踏实地、有所作为的公司感兴趣。

5. 良好的教育

如果创业者有分析过成功企业家的学历数据，可以发现大多数成功的企业家都有大学以上的学历，还有些企业家在年轻时上不起大学，成功创立了企业之后又继续自己的学业。良好的教育可以帮助企业家更好地管理公司，处理问题。它还意味着企业家知道如何区分梦想和现实，整合和消化各种信息，以传达自己的想法。这些都是天使投资人试图找到风险最低、收益最大的企业的方向。

创业者可以观察一下那些创业成功的企业家，看他们身上是否具有这些特质。在撰写商业计划书之前也可以依据这五条进行一个自我评估，如果你已经具备这五条特质，投资人可能会认为你有创业成功的潜质，那么你的融资就很可能会成功。

（二）创始团队职务与负责业务

创业者在创建团队时首先要了解一下组建团队的基本原则（见图 5-2-2）：

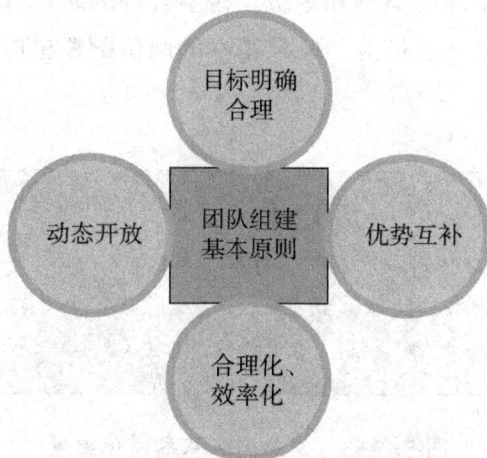

图 5-2-2　团队组建基本原则

1. 目标明确合理

创业者要制定明确的目标，以便团队成员能够明确地理解团队战斗的共同方向。同时，目标必须合理务实，不能好高骛远，以便真正实现激励的目的。

2. 优势互补

企业家寻求团队合作的原因是为了补充创业目标与能力之间的差距。该团队的成员在技能、经验、知识上通过相互合作，实现优势互补，可以发挥"1+1>2"的协同效应。

3. 合理化、效率化

初创期企业的运营成本短缺，创业团队的结构尽可能简单，能够有效地运作即可。

4. 动态开放

创业前途的不确定性会导致成员的稳定性较差，中途会有人想要加入或退出。团队的组建要保持开放的动态性，吸纳真正有能力、有毅力的同道中人进入创业团队。

团队职务，即岗位，是根据组织的目标设定的、具有个人工作量的单元，是权利和责任的结合体。科学的职务分配和明确的业务划分可以确保整个组织的有序前进。按照工作形式、责任大小、难易程度的不同，职务可以划分为不同的类型和等级。科学合理的职务分配，是创始团队创业的前提条件之一。创业团队最基本的岗位配置也应该包含以下几点（见图 5-2-3）：

一个队长，强调领导能力。
一个策划，有活跃的思维。
一个营销，交际能力比较好。
一个财务，最好要有专业的财务知识。

图 5-2-3　创业团队基本岗位配置

为了使团队成员能够顺利执行业务计划、完成各项任务，有必要事先在团队中分配好负责的业务。

创业团队的权力划分基于实施业务计划，以及确定每个团队成员的责任和相应权利的需要。团队成员之间的权力划分应该是明确的，避免职权的重复和交叉，避免工作遗漏，提高工作效率。

此外，在创业初期，创业环境处于一个动态的、复杂的、不断产生新问题的状态，团队成员都在不断变化，创业团队成员的权利有必要随着成员的变化而变化。

创业团队的完美结合不是在业务开始时建立起来的，而是在公司经过发展了一段时间后，在不断壮大的过程中建立起来的。随着公司的发展，团队组建的不合理的方面将逐步显现出来，需要结合公司目前的业务发展情况调整队伍。

创业者在商业计划书中要让投资人看到的是一个有着科学合理的职务分配、明确清晰的业务范围的创始人团队。如果你的企业由于资金问题人员配置不够、职权不够清晰，也要在商业计划书中让投资人知道你未来有整合意向。团队的协调和整合必须是一个动态和持续的过程，因为问题是一个一个暴露出来的。创业者要注意在调整的过程中不能影响团队的日常运作，要保证企业的正常发展。

（三）重点任职经历与行业经验展示

创业者在介绍自己的创业团队时要展现自己的优势，如果团队成员有名企的任职经历或者过人的行业经验，一定要在商业计划书的团队介绍中体现出来。可以从以下三个方面来介绍过去的辉煌成绩（见图 5-2-4）：

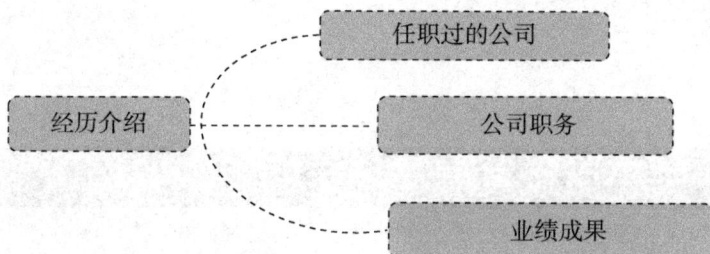

图 5-2-4　经历介绍

1. 任职过的公司

首先，投资人会想看一看他正在做什么样的工作、以前做过什么样的工作。如果有在行业领先的巨头公司任职过的经历，有 **60%** 的把握可以获得与投资人面谈的机会。此外，投资人还将优先考虑跨国公司的任职经验。这听起来似乎有点不公平，但现在的大趋势就是无论国企还是民营企业，都希望聘用有跨国企业任职经验的人才，他们认为在这种企业里磨炼过的员工不仅能力出众，还学到了先进的管理方法。

2. 公司职务

很多企业的创始人通常是具有高素质管理技能和专业知识的人才。因此，如果创业团队成员都是刚毕业、没有从业经历的大学生，在商业计划书上没有显示出足够的管理经验，除非你的项目非常棒，否则你的商业计划书很容易被投资人忽略。投资人还可以通过曾经担任的公司职务了解创业者的责任大小、行业深度，判断团队的创业能力。

3. 业绩成果

没有成果支持的职位描述并不令投资人信服。因为不同的企业的职务权限并不相同，业绩成果才能展示出真正的能力和工作质量，数字、表格的业绩成果比文字描述更有吸引力，虽然在撰写商业计划书时需要大量时间来进行措辞的修饰、排版和美化，但投资人在查看商业计划书时并不介意它的外观，真实是所有成果介绍的前提，如果过往经历中含有大量水分或虚构内容，所有融资的机会都将丢失。

总之，投资人希望在商业计划书中看到一支有合理的管理团队、中上的业务能力、全职的核心团队和明确方向的创业团队。所以，撰写者在介绍团队时要实事求是，强调历史经验，强调分工合理，强调团队成员间的优势互补。

三、关乎后续发展与稳定的组织架构

当前阶段，国内的绝大部分企业，特别是大型的集团化企业，组织架构基本上还属于传统的"金字塔"型，这种架构存在分工过细、企业内部信息传递失真、执行力差、组织结构僵化等问题。合伙制的出现已经颠覆了传统的组织架构，正在成为新的企业潮流。

企业的组织架构关乎企业后续的发展，是投资人的重要关注点之一，合伙制的初创企业在前期就要建立稳定的组织架构，避免日后利益纠纷。企业的组织架构有两个点需要在商业计划书上体现出来：一是创始成员的持股比例分配；二是企业为吸引后续人才的期权预留。

（一）创始成员持股比例分配

创始成员的持股比例是决定企业稳定性的重要因素，持股比例不合理，即使商业计划书写得再好也不会融资成功。创始成员的股权怎样分配才算合理？一些人认为公平即合理；另一些人则恰恰相反，认为创始人股权不能平均分配。事实上，持股比例确实不能平均分配，因为平均分配会导致权力的分散，企业没有领头羊，公司就有可能误入歧途，走入绝境。

创始成员的持股比例应该如何分配才算合理呢？我们通过下面的模型

来看一下。假设甲、乙、丙、丁、戊这 5 个人组成了一个创业团队：

（1）确定影响股权分配的因素。这些影响因素应该结合企业的发展方向由创始成员研究决定，一般的企业影响股权分配的要素为：项目发起人、投资额、创业贡献、核心资源、担任的角色，以及过去成功创业的经历。

（2）具体分析每位合伙人的情况。对创始成员的各个核心要素分析如下（见表 5-3-1）：

表 5-3-1 创始成员核心要素分析表

核心要素	甲	乙	丙	丁	戊
项目发起人	5 分				
投资额	50.000 5 分	20.000 2 分	15.000 1.5 分	5.000 0.5 分	10.000 1 分
核心资源	市场资源 4 分	市场资源 4 分	技术资源 5 分		技术资源 3 分
担任角色	总经理 5 分	副总经理 3.5 分	副总经理 3.5 分	财务总监 3 分	核心技术 2 分
创业贡献	有 5 分		有 5 分		
过去成功创业的经历	有 5 分	有 5 分			

（3）根据重要程度对核心要素的指标进行量化，将上表中的各核心要素进行横向对比，用个人所得分/要素总分，计算出创始成员在该核心要素中的贡献占比（见表 5-3-2）。

表 5-3-2　合伙人核心要素占比

核心要素	甲	乙	丙	丁	戊
项目发起人	50%				
投资额	50%	20%	15%	5%	10%
核心资源	25%	25%	31.3%		8.7%

续表

核心要素	甲	乙	丙	丁	戊
担任角色	29.4%	20.6%	20.6%	17.6%	11.8%
企业贡献	75%		25%		
过去成功创业的经历	50%	50%			

（4）评定核心要素的权重，计算出股权分配的比例。根据不同要素对初创企业的重要程度，计算不同核心要素在整个要素体系中的比例。投资额和核心资源对初创企业最为重要，分别占 35% 和 25%；担任角色次之，占比 24%；项目发起人和企业贡献，占比均为 6%；过去成功创业经历，占比为 4%。再次计算合伙人的核心要素得分，合伙人在某要素股权分配比例 = 该合伙人核心要素占比 × 核心要素的权重（见表 5-3-3）：

表 5-3-3　合伙人各要素股权分配比例

核心要素	甲	乙	丙	丁	戊
项目发起人	6%				
投资额	17.5%	7%	5.2%	1.8%	3.5%
核心资源	6.3%	6.3%	7.7%		4.7%
担任角色	7.2%	4.9%	4.9%	4.2%	2.8%
企业贡献	4%		2%		
过去成功创业的经历	2%	2%			

结果，甲的股权占比为 43.0%，乙的股权占比为 20.2%，丙的股权占比为 19.8%，丁的股权占比为 6.0%，戊的股权占比为 11.0%。根据占股比例可以确定甲为创始成员中的"老大哥"。这些计算过程不必在商业计划书中体现出来，只要让投资人知道计算持股比例的核心要素有哪些以及最终的股权分配结果就可以了。

最终体现在商业计划书上的持股比例分配一定要遵循以下原则：

（1）公平原则：持股比例要公平合理。

（2）创业贡献和持股比例正相关的原则。

（3）效率原则：持股比例要和资源相联系，如人力资源、产品的技术和运营资源，以及初创企业的融资等资源。

（4）便于决策的原则：根据持股比例可以判断出团队的核心，遇到问题时，企业能做出快速、高效、一致的决策。

（5）控制权：这里的控制权不是指企业领头羊的领导地位，而是整个创业团队对企业的控制权，因为企业在多次融资中会出现股权被摊薄的问题，创业者在持股比例分配之初就要考虑到股权被摊薄的影响。

如果初创企业的持股比例能很好地遵循以上原则，投资人在审阅商业计划书时会觉得这个企业的组织架构很牢固，不用担心日后的股权纠纷，投资的风险性相对较小。如果项目也不错的话，还是值得一试的。

（二）期权预留：如何持续找到优秀人才

已经上市的公司，股票激励的主要方式是在市场上公开发行的股票。非上市公司不能公开在市场发行股票，因此股票激励的主要来源是吸引融资扩充股权和期权预留、股票回购等其他计划。期权预留的股权用于招募高级人才，激励员工或者吸引融资。期权预留是初创公司使用股权激励计划的普遍形式，被认为是促进欧洲和美国的初创企业发展的重要因素之一。

硅谷的习惯是将公司股权总存量的 10% ~ 20% 作为期权池。占比大的期权池对员工更具吸引力。融资在一定程度上稀释了期权池，因此公司要调整加深期权池以吸引新人才。

创建期权池是为了吸引优秀人才，通常要关注这三类人：公司高管、高级管理人员和核心技术员工。期权池的规模决定了当公司实施股票激励时激励对象的多少。通常，期权池占 10% ~ 20%（见图 5-3-1）。期权池越大，激励对象越多。

以期权池足够大的企业为例，预留出的股权首先要在企业高管、企业的中层领导者和业务骨干之间进行比例分配，要确保每一层级的成员都有

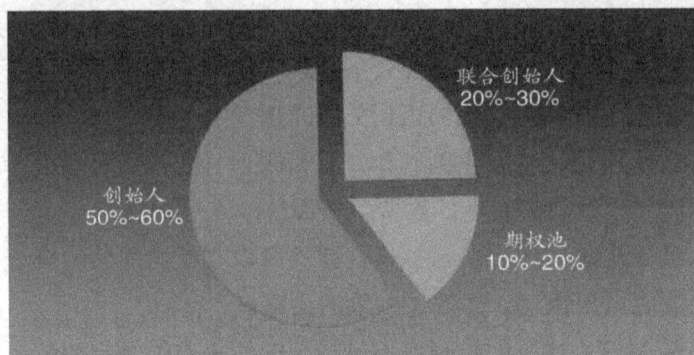

图 5-3-1　合理的期权池占比

相对固定的股权份额。假定期权池中企业高管总共占股份的 40%，企业中层领导总共占 30%，业务骨干总共占 30%。在各层级股权配比初步确定后，下一步需要将股权细分到每个职位、每个人身上，确定个体的分配额度。

值得注意的一点是，设立期权池的公司一般都会注册为有限责任公司，因此在法律上激励对象的总数最多不能超过 50 人。当激励对象超过 50 人时，如果有需要可以考虑设立第二个期权池公司。

初创企业在分配期权池时，有一点需要提前考虑，为了吸引更多的人才，期权池千万不要一次用尽。最好能辅以一定的股权预留，在吸引新人才的同时也激励原有的股东。对于投资人来说，期权池的大小也决定了他投资后所占的股权份额。

一般来说，投资人更喜欢那些期权池留得足够大的企业，投资人在投资前会对企业进行估值，期权池的大小是影响投资人估值的关键因素。如果初创企业没有预留期权，投资人在投资前可能会要求企业把期权预留出来，这样可以避免在投资后投资人的股份被期权预留所稀释。投资人往往会通过商业计划书中期权预留的比例，来估算自己投资后未来可以获得的收益。

第6章

为投资人带来信心
的运营现状

商业计划书中的企业描述包括企业的运营现状和未来规划，给投资人带来信心的运营现状更容易得到融资。创业者在商业计划书中要着重展现投资人关心的运营数据，突出企业在关键发展节点的数据，让投资人从运营数据中看出企业未来的增长趋势。尚无优势数据的初创企业也不必妄自菲薄，可以多讲一讲企业的发展进程和战略目标的执行情况，关键是要让投资人对企业的未来有信心。

一、投资人关心运营数据的 3 个方向

为了达到商业计划书的简洁要求，创业者不必将企业过往的运营数据一一列出，只需将投资人关心的三个方向陈述清楚，即公司过去的发展情况、商业模式和增长策略是否有效以及企业未来的发展趋势。在陈述时要适当地辅以运营数据，证明文字的真实性。

（一）了解公司过去的发展情况

每个创业者在与外界交流、沟通时都免不了要向嘉宾、客人、朋友介绍公司的发展情况，一般包括公司的所在地、有多少员工等。在商业计划书中向投资人介绍时则不能这么简明扼要，要介绍些什么才能给投资人留下深刻的印象，甚至获得融资呢？公司过去的发展情况一定是必不可少的。一般情况下，在商业计划书中展现出以下几个方面，足以让投资人了解公司过去的发展情况。

1. 概要

（1）简要介绍公司的发展历程。（时间线的形式）

（2）企业的经营规模、生产基地的空间布局与经营特色。（例如，××企业"三足鼎立"的空间布局，体现了产业的规模化和集团化）

（3）用投资人的思维审视过去的发展，介绍公司的组织结构，体现规范化管理，拉近和投资人的距离。

（4）设备的状态。（例如，某企业重点强调购买、修理的二手设备却发挥了一手设备的作用）

（5）员工的配置。（如果企业 40 岁以下的员工有很多，体现了企业的发展的持续稳定）

（6）企业产品或服务的市场覆盖范围。例如：

①本公司的客户群包括地税、国税、海关等国家机构。（反映了公司

特殊的经济地位）

②本公司的客户遍布 26 个省、市、自治区，××公司曾与我们有过合作。（根据投资人可能知道的企业和地区介绍）

③在北京、天津、青岛、武汉、哈尔滨等地建有分公司。（重点强调大城市的业务发展，体现企业的强大实力）

2. 产品种类和生产特点

（1）多样的产品类型，符合客户的需求。

（2）设备配置合理，产品供应量稳定，生产组织灵活，生产周期短。

（3）产品或服务质量有保证，ISO9001 质量体系生产过程，严把质量关。

（4）原料的供应，相对稳定。（反映企业合作的稳定性。）

（5）合理的库存和基本保有量。（反映企业强大的物流管理水平。）

3. 价格优势和服务特点

（1）价格优势，管理和人工成本低。（一人多用，强调员工的杰出能力。）

（2）运输成本低。（产品运输距离小，周期短，第三方物流部门稳定，合作顺畅。）

（3）服务优势。（产品的售后服务齐全，及时处理消费者退货，换货的要求。）

4. 技术研发（我们公司的发展很强，表明产品性能取决于技术。）

（1）高新技术企业认证。（表明企业创新能力强。）

（2）员工中有大量的技术研发人员。

（3）企业中有杰出的高级工程师，能把国有企业的二手设备，调整到一手的性能。（反映公司的技术水平，使投资人放心。）

（4）对外合作：与研究机构或高校的协同研究和开发。

5. 企业文化建设

（1）年度庆祝观光和文化活动可体现高度民主的企业文化建设，提升投资人对企业文化的兴趣。

（2）介绍具有企业文化内涵的特色活动和爱好，体现企业活力和文化品位。

（3）企业环境具有文化意义。（反映企业人际关系的温馨、人与自然的和谐。）

（4）强调并体现员工与企业之间的双赢关系。（间接地展现企业未来和投资人的双赢关系）

6.社会地位

这一部分可以历数企业曾经获得过的荣誉，介绍和体现企业的高社会地位，如企业是中国企业管理协会会员单位、中国防伪协会会员单位；展示著名访客的照片和签名，与咨询、培训机构或知名个人的合作关系；广州日报、南方日报、人民网等媒体都对企业或企业的产品有过关注和报道。这些都反映了企业对社会的影响力。

通过这些方面的展示，可以让投资人充分了解公司过去的发展情况。创业者在撰写这一部分内容时，可以像上文中举的例子那样有技巧地选择有优势的点来陈述，尽量在商业计划书中展现一个团结协作、积极向上的企业形象，促使投资人产生投资的潜意识和愿望。

（二）验证商业模式与增长策略是否奏效

当创业者在设计商业模式时，最终目标就是赚钱。一切不能赢利的商业模式都是创业者的失败之作，对于创业者来说，验证商业模式是创业阶段的核心工作。必须尽快验证他们的商业模式和增长策略是否奏效，才能决定项目是否值得继续开发。无一例外，所有成功的企业都是在商业模式和增长策略得到验证以后才走上阳关大道。因此，企业家在商业计划书中展现商业模式与增长策略是否奏效，能够给投资者的判断提供参考依据。

衡量商业模式成功与否的单一指标是市场接受度，用于评估商业模式从客户群那里赢利的能力。科学家大都认为实验是最重要的。他们常创建一个模型，然后通过实验证明模型的正确。商业模式的验证也是如此，只不过验证的代价要大得多，商业模式验证的完整的目标是创建一个可以复制和扩展的业务模型。经验学习是这个过程中不可或缺的一部分，但如果一家公司不能立即将这种学习转化为可衡量的业务成果，那所有的付出都是白费的。

商业模式多种多样，但好的商业模式殊途同归——赚钱。以谷歌和百度为例，他们虽然有很多相似之处，却是完全不同的商业模式和增长策略。

上升之路：技术领先 VS 本土化。谷歌依赖技术，搜索引擎起家，凭借出色的客户体验和高质量的广告内容，立即抢走了市场。百度则是基于市场，在中国实施脚踏实地的本土化战略，在语言、导航和入口上比谷歌率先取得成果。

发展之路：平台思维 VS 产品概念。谷歌致力于在开放型和轻量级的资产管理平台上积累客户，百度使用封闭式和重型资产运营的产品矩阵从用户那里获得收入。前者旨在改善用户体验，增强用户的黏性；后者依赖于不断推出新产品向用户销售。商业模式的差异给谷歌和百度带来了截然不同的结果，谷歌通过积累客户获得可持续和稳定的现金流，百度的利润随着产品周期波动。

未来之路：人工智能时代硬件和软件的结合。谷歌和百度分别在2016 年和 2017 年提出人工智能战略。谷歌人工智能的核心是超越软件的硬件突破。百度的优势在于产品，开放平台，接入第三方的软件，平台经营、软硬一体。

无论是初创企业还是上市公司，商业模式的验证是一家企业的成人礼，这代表着企业有能力在残酷的市场中活着了，至于能否做大做强，还需要一定天时地利的时机和运气。完整的商业模式验证，是验证总投入产出比和产品营销。只看整体，难以找到症结点，所以我们可以拆分商业模式的运作周期，一个环节一个环节地验证商业模式和增长策略。不同模式的验证项和验证周期不同，但思路大同小异。

1. 目标市场的真实情况与接受程度

很多情况下，目标市场确实是真实的。对于具有商业经验的决策者来说，新项目的未来趋势，除了模式之外还和执行有很大的关系，即使新模式失败也不能认定目标市场没有需求，可能时机不正确，也可能是人的问题。更多的时候，验证目标市场的真实性，其实是在验证真实市场规模和预期规模的差距。如果市场接受度远低于预期，一定是某个关键环节出现了重大问题，企业应该先停下来梳理一下商业模式，然后再继续前进。

2. 用户增长率、收入增长率

注意用户和收入的增长率，参考该领域相关产品的平均增长率。如果正常，你的商业模式至少是可行的。如果它低于正常值，那就需要小心了，要审慎地考量一下是不是商业模式出现了问题。

3. 保留率和活跃度

客户的保留率和活跃度反映了产品和服务的用户黏性，如果预期的是高频项目，实际上却是一个低频项目，这是商业模式的不祥之兆。在市场淘汰你之前及时调整和改进，力求在资源耗尽之前找到正确的商业模式。

4. 平均获客成本

平均获客成本的概念前文中已经详细解读，这里不再赘述，如果平均获客成本在很长一段时间内都高于行业的平均水平，最好召开会议，和团队成员一起商讨一下是不是商业模式出现了问题。

5. 平均客户收入

用平均获客成本计算成本，用平均客户收入计算收入。收入过低或者收入过高，对初创企业来说都不是一个好现象。但也要看企业所涉足的具体行业领域，如奢侈品电商的平均客户收入都比较高，这是因为它跨越时空的互联网商业核心优势，所以单纯的平均客户收入高低意义不大，关键是要与竞争对手的表现结合起来比较。

6. 增长效率

增长效率是主营收入每增加 1 元需要付出的营销和运营成本。增长效率大于 1，这就是一个"烧钱"的项目，要么是产品设计还不够成熟，要么是商业模式出了问题。

7. 客户付费率和续费率

通过付费率和续费率可以判断商业模式是否是虚假繁荣，相对于付费率，续费率更能体现产品的市场认可度。一次付费，可能是心血来潮，续费却意味着用户对产品质量的认可。

8. 营销组织形式和营销方法

前 7 项都是透过结果看模式，对营销组织形式和营销方法的验证，要看它是否可预测、可实行、可复制、可持续，不像上面的那些指标那么看得见摸得着，营销的组织形式和营销方法是否有问题，要依靠创业者的市场经验自行判断。

这些指标并不能简单地套用在你的商业模式验证中，要大胆假设，小心求证。商场如同战争，战争不可以重来，市场虽然有重来的机会，但肯定不会多。所以，希望所有的初创企业都尽早地验证自己的商业模式，不要将未经验证的模式随便写入商业计划书，以免影响投资人对企业的印象。

（三）窥探未来的发展趋势

除了创业者自己的战略规划描述，投资人也会有自己的办法从商业计划书中窥探企业未来的发展趋势。除了结合企业的业务现状，未来发展的本质是一个"思路决定出路"的问题，投资人希望在商业计划书中看到企业管理者正确的发展思路。

创业者的思路决定了企业未来的发展趋势，影响着企业命运。要随着管理环境的变化而修改和改进自己的发展思路和发展目标，从而实现企业的稳定和可持续发展。对于企业来说，为了在激烈的市场竞争中生存下来，需要有一个清晰、正确的理念作为指导。

中国航油的发展就是由于公司找到了正确的方向，并提出了好的发展思路。

> 1993 年 5 月 26 日，中国航油成立，在不到两年的时间内亏损了 19 万新元。冷静分析后，公司决定先厘清发展思路，果断将企业定位为"以航油采购为主的石油贸易公司"，实现了成功转型。同时，中国航油开拓国际贸易，扩大贸易品种，将贸易区域扩展至东盟、远东和美国。

> 但是中国航油居安思危，意识到了自身发展后劲的不足，决定再次转型，投资实体企业。2002 年稳步进入欧洲市场，一举成为跨国公司，从一个纯贸易性的石油公司转型为工贸结合的国际性企业。2018 年中国航油在《财富》发布的世界 500 强企业中排名 371。

如果企业能够像中国航油一样，找到正确的发展方向并且在商业计划书中展现出来，投资者必然能够从中看到企业的发展潜力。那么，创业者的发展思路是如何形成的呢？

想法来自学习和实践。这是一个众所周知的事实。但如何学习和实践？每个人都有自己的方法，思路实际上是创业者的智慧和时机碰撞产生的火花，企业的发展思路往往是根据创业者以往的经验和远见的智慧而得来。

一谈到未来的发展趋势，很多企业家都野心勃勃。然而，在实践中，很多绝妙的思路都是从正常的工作中积累起来的想法。中国航油的不断转型和漫长的发展过程是对此的最好诠释。

企业家在窥探企业未来的发展趋势时，要用多样化的思考方式，避免狭隘的思维，思维的因循守旧将使企业落后于社会潮流。相反，凭借创新理念，企业将走上康庄大道，未来的发展趋势更加直观，也更加顺畅。

伟大领袖毛泽东曾经说过这样一句话："世界上怕就怕'认真'二字。"这句话对于创业者们也同样成立。未来的发展思路不是一时形成的，很多的想法实际上是长期奋斗的结果，同一个问题因为不同的态度会产生两个截然不同的观点，导致两种截然不同的行为方式和后果。相对于意志不坚定、干着试试的企业家，认真、扎实和勤奋的创业者更容易形成好的发展思路。

除了领导者的发展思路，企业的内外部环境也对发展趋势有重要影响，企业的外部环境就是市场经济、国家政策等因素，这些因素往往是初创企业无法改变的，只能顺势而为，但是创业者可以管理好企业的内部环境，将企业未来的发展趋势向好的方向引导。

通过分析公司的内部环境，创业者可以认识到自己的优势和劣势，并且决定公司可以做什么、公司拥有哪些独特的资源。企业资源分为三类：有形资产、无形资产和组织能力。

有形资产：公司运营所需的资源是最基础的有形资产，是唯一可以在公司资产负债表中清晰反映的资产。竞争对手随时可以获得的有形资产，如房地产、生产设备等不能成为企业竞争优势的来源。只有稀缺的有形资产才能带来竞争优势，如只与你合作的、物美价廉的原材料供应商。

无形资产：企业的品牌认知度、商业价值、企业文化、专利技术和商标，以及在发展过程中积累的知识和技能。

组织能力：企业的组织能力反映了企业中工作人员的工作效率，是企业有形和无形资产、人员和组织的运营流程的复杂组合。

如果创业者可以在商业计划书中展现出清晰可行的发展思路、良好的企业内部环境以及独特的资源，投资人就可以从中窥探出企业未来的发展趋势，如果你的发展趋势是向好的，投资人肯定不会埋没这块金子。

二、商业计划书运营数据 3 突出

　　无论你的商业计划书涵盖的信息量有多大，运营数据始终是投资者最在意的重要因素。运营数据是测试产品是否符合市场的试金石。无论投资人审阅创业者的商业计划书还是观看路演介绍，融资的决定性因素仍然是运营数据。创业者在撰写商业计划书时要着重突出三个方面的运营数据，一是突出关键发展节点；二是突出用户及销售方面的关键数据；三是突出运营数据的增长趋势。

（一）突出关键发展节点

　　虽然行业领域和企业情况的不同会导致企业的关键发展节点不尽相同，但总的来看，初创企业的关键发展节点有以下 5 个（见图 6-2-1）：

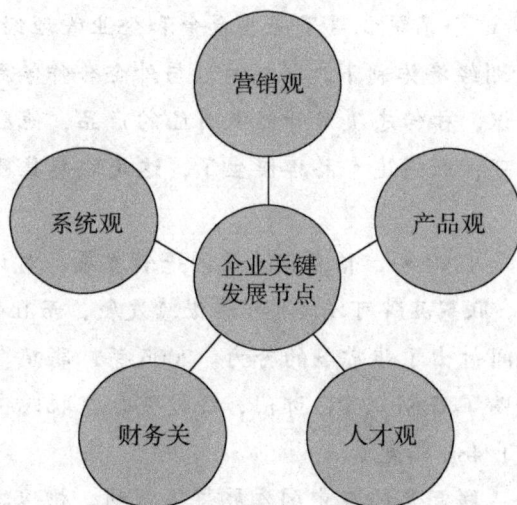

图 6-2-1　企业关键发展节点

（1）营销观：把初创企业中出色的个人营销能力转变为整个创业团队的营销能力，实现营销的自我流通。产品的营销关过去了，企业就可以与产品共存。

（2）产品关：联结产品上下游的产品链，通过更多的渠道吸引用户群。产品关过去了，企业才可以成长。

（3）人才关：人才关不是指初创企业现有的人才数量，而是是否有人才培养体系。培养体系建立后，公司可以变得更强大。

（4）财务关：财务关的关键是企业利润与企业安全之间的平衡，促进资金增值。财务关过去了，企业就可以长久地发展。

（5）系统关：是指标准化的可复制的产品生产流程，系统关过去了，企业就可以保持稳定的发展。

初创企业犹如学步的稚童，在发展过程中难免会跌跌撞撞、遭遇坎坷。在平静湖面航行的小船是经不起风浪洗礼的。只有度过了关键的坎坷，企业才能越来越好。联想的创始人柳传志曾经讲述过联想公司发展的关键节点，下面分享给志存高远的创业者，希望能对你们撰写商业计划书、突出企业的关键发展节点有所帮助。

联想这家企业成立于 1984 年，它的第一款产品是"联想式汉字系统"，凭借这个系统积累了一些资金和企业管理经验。在 20 世纪 80 年代的计划经济体制下，联想通过与外企合作学到了关于企业管理的一些知识，柳传志决定开始做自己的产品，他经历重重困难拿到了生产许可，联想这个品牌诞生了，这是联想集团的一个关键发展节点。

再之后是 1994 年，信息化系统的蓬勃发展，对计算机行业造成了巨大冲击。联想品牌可以坚持下来继续发展，而且领先于其他的外国公司，中间付出了非常多的努力。2005 年，联想在众人都不看好的情况下并购了 IBM 的 PC 部门，经过整合，联想在计算机方面的营业额达到了 480 亿美元。

2000 年，联想集团在中国发展得很顺利，柳传志决定把业务向多元化延伸，并开始了投资的新业务，这些基金给联想提供了强有力的现金支持。2008 年，联想开始涉足财务性投资，2015 年联想控股正式上市，在其他领域逐渐建立新的支柱。

除了上文中提到的 5 个关键节点外，个别企业还需要重点突出产品销售过程中的数据关，在商业计划书中突出能熟练地掌握数据和运用数据；突出信息关，因为对于一些行业来说，信息的及时性、准确性会大大影响企业的运作，影响企业的应变能力和执行能力；如专注新闻资讯的新媒体行业；此外还有危机关，企业在遭遇危机时的良好应变能力也是投资人关注的关键节点。

（二）突出用户及销售方面的关键数据

数据无处不在，充斥着用户及销售的所有方面，企业的运营必须基于数据。当企业掌握了用户和销售方面的数据后，就有了开展业务的基础。不再是基于经验的盲目操作，而是对症下药，更符合用户需求。

当企业掌握的数据足够多，做决策时就可以不再依赖主观判断，而是让数据成为决策的依据。甚至在理想情况下，如果企业可以掌握所有的数据，所有决策都可以基于数据做出。

数据对企业整体战略、目标的设定以及产品运营都有重要作用。在商业计划书中要突出用户及销售方面的关键数据，让投资人从关键数据中了解公司的运营情况。数据在有的企业特别是销售行业中的作用非常大，甚至不同级别的人掌握的数据也不同。

用户和产品销售的数据可以总称为运营数据，是衡量产品如何与市场互动的指标，即产品的市场适应性。按照重要性，可以对数据进行排序（见图 6-2-2）。

在投资人眼中不包括运营数据的商业计划书故事就像是小说，因此在撰写商业计划书前，不仅要测试产品，还需要测试产品的市场反应。如果无法测试市场，至少要在小范围内把客户数据收集一下。即使你的产品只是一双袜子，商业计划书上的关键数据也足以给投资人留下深刻的印象。投资人感兴趣的永远是那些即使没有融资也可以成功的初创企业，成功的创业公司会将理论付诸实践，在市场中收集数据，主动创造、

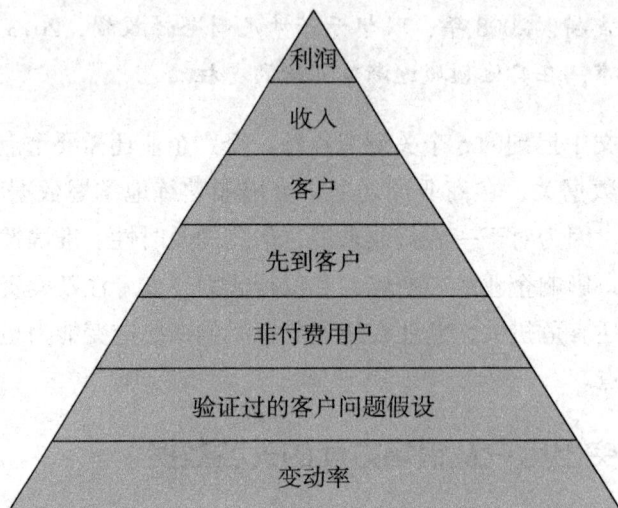

图 6-2-2　运营数据重要性排序

积极寻找出路，而不是等待投资人的融资。

　　如果初创企业已经运营了一段时间，有运营数据，创业者可以选择性地在商业计划书中披露一些用户及销售方面的关键数据。

　　（1）用户相关数据：注册用户、活跃用户、日 / 月用户、客户的日 / 月活跃度、客户保留率、回访率、转换率、产品的使用期限、用户反馈等。

　　（2）销售相关数据：产品销售量、日常订单量、产品单价、毛利率、上一年度和当前季度的销售额、增长率、市场份额等。

　　（3）其他重要指标的增长。

　　还要强调的一点是，关键数据的表现形式最好采用图表或表格的形式（见图 6-2-3）。

　　如果在阶段性的数据中存在较大的波动，要在商业计划书中说明原因。比如，在节假日进行了商品促销、开展用户测试，或者出现了阶段性的小失误，投资人都可以接受。重要的是要说明原因，打消投资人的疑虑。运营数据的说服力胜于雄辩，良好的用户及销售数据可以进一步提高融资成功率。

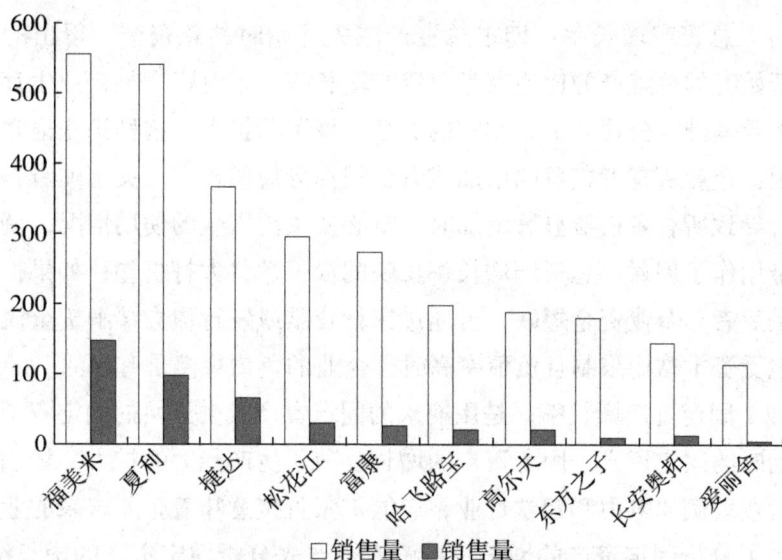

图 6-2-3　数据表现形式

（三）突出增长趋势

商业计划书中的数据分析要突出企业的增长趋势，也就是要让投资人看到企业产品或服务的发展潜力。一般来说，公司的成长性可以通过以下指标体现出来（见图 6-2-4）：

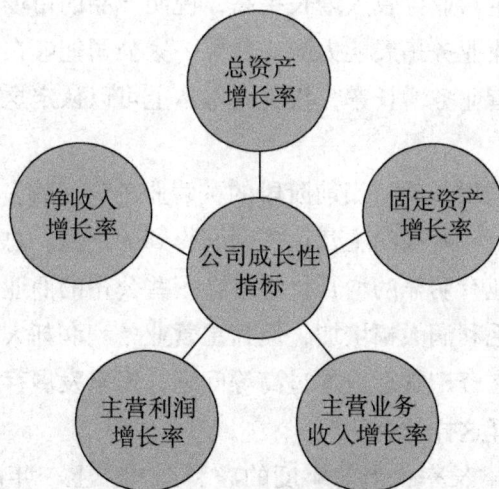

图 6-2-4　公司成长性指标

（1）总资产增长率：期末总资产减去开始时的总资产，得出的差值除以开始时的总资产的比值就是总资产增长率。企业资产是企业生存和发展的重要基础，公司在扩张期间的业绩规模不断扩大，这种扩张通常有两个原因：企业所有者权益的增加或者公司债务规模扩大。关于前者，当股权发行导致所有者权益显著增加时，有必要关注资金的使用情况，倘若募集资金用作了理财，总资产增长率反映的成长性将大打折扣；如果扩张的原因是后者，企业资金短缺，可通过银行贷款或发行债券缓解资金流通压力，但受资本结构限制且负债率高时，企业的负债规模是有限的。

（2）固定资产增长率：是用期末的固定资产减去开始的固定资产再除以开始时的固定资产。固定资产的增长反映了生产能力的扩大，特别是在缺口行业。例如电力和钢铁行业，产能扩张直接意味着企业未来的业绩增长。为了分析固定资产的增长，投资者需要先分析固定资产的增长结构，对于正在建设中的固定资产，投资者会关注完工时间，并仔细揣摩完工后是否会对收入产生实质性的影响，如果固定资产的增长在撰写商业计划书前已经完成，创业者要将其影响反映在当前的业务报表上。

（3）主营业务收入增长率：当前阶段的主营业务收入减去上期主营业务收入再除以上一阶段的主营业务收入，得出的比值就是主营业务收入增长率。通常增长率较高的公司大多数都是正在开发主要业务和主营业务相对单一的公司。主营业务收入增长率高，说明产品的市场接受度好、需求量大，这样的企业业务拓展能力强。如果一家公司能够在几年内连续保持30%或更高的主营业务增长率，投资人基本上可以认定这是一家成长型的公司。

（4）主营利润增长率：当前阶段的主营业务利润减去上一阶段的主营业务利润再除以上一阶段的主营业务利润得到的比值。总体而言，主营利润稳定增长的企业有明显的增长优势。在一些公司的商业计划书中，数据显示，企业年度毛利润大幅增加，但其主营业务利润却大幅下降，这种情况下企业可能存在资产管理成本过高等问题，未来发展存在很大风险。投资人往往不会选择这样的企业。

（5）净收入增长率：当前年度的净利润减去上一年度的净利润，得到的差再除以上一年度的净利润得到的比值。净收入是企业业绩的最终结果。净收入的持续增长是公司具有增长趋势的一个基本特征，增长率高表明其业绩良好，市场竞争力强。相反，如果投资人在商业计划书上看到的净收入增长值小到可以忽略不计，说明企业的业绩没有增长，这种没有什么成长性的公司不会被纳入投资人的考虑范畴。

商业计划书中分析公司增长趋势的目的是让投资人观察公司一段时间内业务能力的发展。即使公司有良好的收益回报，但没有很好的发展趋势，也不能很好地吸引投资人。相反，即使企业当前的业务收入并不可观，但与往期相比是不断增长的，这种增长趋势更能打动投资人。

三、尚无优势数据时怎么办

以上内容都是针对已经发展了一段时间、积累了一些优势数据的初创企业，那么新生的初创企业尚无优势数据该怎么办呢？对于这种公司，可以在商业计划书中多讲讲企业的发展进程与执行力，字里行间彰显出创业者对企业未来发展的信心，用你的信心去感染投资人，获得投资人的认可。

（一）多讲发展进程与执行情况

通俗地讲，一份商业计划书体现的是现在怎么赚钱和未来怎么赚钱。很多创业者在撰写商业计划书时会犯一个毛病——过于憧憬未来，而忽视了当下的可行性，这是一种空想。评估合理性的未来，验证当前的商业模式和可执行性，让投资人对你的企业充满信心和兴趣，才是一份优秀的商业计划书应该达到的效果，所以没有优势数据时千万不要在商业计划书中杜撰数据。

初创企业在刚刚启动项目的情况下没有优势数据，在撰写商业计划书时，可以将运营现状理解为业务开发现状，即从建立到现在的重要进展。创业者在商业计划书中可以通过以下几个方面让投资人了解发展进程与执行情况（见图6-3-1）：

1.	创业开始时间
2.	创业团队的形成
3.	产品开发的重要过程
4.	产品上市时间
5.	数据生成时间
6.	数据开始时间

图 6-3-1　企业发展进程与执行情况

（1）创业开始的时间。开始创业不能是因为创业者的一时冲动，随波逐流。众所周知，企业家创业需要大量的投资，耗时耗力，牺牲其他发展机会。因此，创业者决定开办企业也是人生中的一项重大决策，其决策难度丝毫不亚于决定和谁结婚，在哪个城市定居。因此，在开始创业之前，创业者需要做好充分的思想准备，要在商业计划书上说清楚，决定创业是深思熟虑的结果，而不是一时兴起。

（2）创业团队的形成。创业团队的形成通常有以下几种方式：第一类，朋友、同学或同事，这类人相互之间有足够的信用基础和了解，并有持续合作的意愿；第二类，招聘，这种方式需要一个互相理解和信任的过程，团队的形成周期可能会较长一些。创业者在商业计划书中要说明团队的组建方式与磨合程度。

（3）产品开发的重要过程。介绍在研发过程中遇到了哪些困难，取得了哪些突破性成果。

（4）产品上市时间。

（5）数据生成时间。即使现在没有数据，创业者也要在商业计划书中预计出未来可以生成数据的时间。

（6）数据开始时间。

还有一些其他主要节点的运营情况，视企业的具体情况在商业计划书中进行介绍。总之，对于没有数据优势的企业而言，商业计划书中精彩的过程展示和企业的执行情况极为重要。

（二）对未来的信心是关键

在搜索引擎中输入"企业家特征"时，可以在搜索结果中看到比尔·盖茨、乔布斯，以及其他成功企业家的品质。一谈到创业者，人们总是会想到这些成功的企业家，他们似乎天生就具有企业家的 DNA。这些功成名就的企业家激励着创业者，同时也令很多创业者相形见绌。如果出生时没有乔布斯的天才想法或比尔·盖茨的顽强毅力，创业者该怎么办？

信心也是企业家的一个重要特征。创业者要确信产品是市场所需要的，找到市场机会，开拓新市场并在创业过程中推翻现有的、普遍接受的事物。这种特殊的品质是来自特殊使命的自信。有了这种信念，即使创业存在风险，创业者也可以提前进行彻底的调查，自信地完成工作，并将创业的风险降至最低。

创业者在商业计划书中必须表现得足够自信，甘愿承受创业失败的风险，同时又要掌握好分寸，不要让投资人觉得你的自信是一种自负。成功的创业者要有志存高远的抱负、百折不挠的毅力，以及一往无前的勇气。一个自信的创业者远比一个妄自菲薄的创业者更受投资人的青睐。美团的创始人王兴就是凭借着自己的自信打动了马云，获得了投资。

2018 年 6 月 22 日，美团提交了一份招股说明书，将在香港证券交易所上市。美团已经发展了 8 年，而它的创始人王兴从 2003 年开始创业，至今已经 15 年。不过，王兴仍然保持着极大的耐心和只有创业者才有的激情。在美团的招股说明书中，他主动在投资风险一栏中诚实地写道："我们在历史上有很大的损失，我们在未来也仍然会产生巨大的损失。"这意味着美团在未来的事业扩展优先级高于利润。虽然美团的赢利正丰，但王兴的雄心并不满足于美团只获得短期利润。

2011 年 3 月，王兴第一次见马云，希望从阿里巴巴获得融资：

王兴：你最强的是什么？

马云：你觉得呢？

王兴：战略和忽悠。

一段无厘头的对话后，美团拿到了阿里 5000 万美元的融资。马云从王兴的身上看到了他的自信和能力，正是这种自信打动了马云。然而马云没看到的是，王兴的野心绝没有止步于此，他是要建立一个和阿里一样庞大的商业帝国。美团在创立之初不过是个团购的拼单网站，随后把业务延伸到电影票、酒店预订，然后又拓展到餐饮外卖，现在正在向网约车、共享单车的战场拓展，可以想象美团在未来的业务还会越来越多。

创业者的自信要延伸到商业计划书的每一个细节，包括企业的运营指标和数据。Double Click（双击，互联网广告公司）、Business Insider（商业内幕）和 Nomad Health（游牧健康）等公司的创始人 Kevin Ryan（凯文·瑞恩）曾举过这样一个例子，自己在创业申请融资时，投资人问："你们去年的利润率是多少？"凯文的联合创始人回答："我不记得准确的数字了。"瑞恩认为这个回答非常糟糕，于是他直接插嘴告诉投资人 15% ~20%，随着时间的推移还会越来越多。实际上，瑞恩也不记得具体的利润率了，只隐约记得，大概是 17%~18%。但面对投资人时，瑞恩觉得自己应当信心十足地立即提供数据，并指出企业积极的上升趋势。

如果投资人问创业者："你对明年的感觉如何？"创业者的答案是："这不好说，现在还不太容易判断，有几件事必须要去做，如果这些事都成功，我们的利润率就能达到……"这样的答案很难拿到融资，作为想筹资的创业者，正确的答案应该是："我有信心我们会做得更好，我这个人不喜欢过度承诺，但我坚信明年的利润率一定会做到……"投资人不是慈善家，一定要让他们收到企业在未来能够越来越好的信号。

创业者在递交商业计划书时，最想获得谁的投资，可以最后向其递交，可以最后给风投金主递交。与前面的投资人进行谈话时，能够获得一些有用的经验。经历过几次面谈，创业者就会发现，自己对于同样的问题会有更好的答案，在投资人面前也会更加自信，发挥得也会越来越好。

创业者要通过自信让投资人相信你正在创造一个伟大的企业，吸引他加入到这个伟大企业的建设中来。

第 7 章

公司赢利水平与财务预测

一份完整的商业计划书，一定需要从公司赢利水平和财务预测的角度来对企业进行分析。因为任何商业和业务，最终结果一定会反映在公司的财务数字上。这一章，本书将着重介绍商业计划书中的公司赢利水平与财务预测。要让投资人看到企业赚钱的能力，以及如何展现投资人最关心的财务分析部分。

一、投资都是为了赢利赚钱

投资的目的很简单，就是为了赢利和赚钱，不能为投资人带来赢利的投资都是失败的投资。有些投资人投资的钱是自己的个人财产，如个人天使投资人，不过大多数的投资都是公募或者是私募得来的钱，不管钱是从哪儿来的，投资人的根本目的就是用手里的钱去赚更多的钱。基于投资人的这种目的，创业者在商业计划书中要凸显商业模式的广阔空间，以及企业的赢利水平、公司当前收入、毛利、净利润状况等。

（一）商业模式：让投资人看到广阔空间

本文已经提到过很多次商业模式，为什么还要强调商业模式？

商业模式到底是什么，很多创业者都是一知半解。换句话说，商业模式就是一种赚钱的方式。为什么在审阅商业计划书时，投资者总是会强调企业的商业模式呢？

实际上，投资人不会关心传统成熟行业的商业模式。比如投资人想投资一家餐馆，不用担心餐馆如何赚钱，而是担心能赚多少钱，担心会不会亏本。但在初创企业的项目中，尤其是在当今互联网的信息化经济下，几乎所有东西都是新的，创新产品、创新服务、新的业务流程……越来越多的新模式涌现出来，使得投资人不得不关注商业模式的风险性。

最初，无论项目是否具有创新性，当商家提供产品和服务时，收取费用是天经地义的事情。然而，技术变革导致市场竞争急剧增加，引领企业家们必须去创新商业模式，才能在激烈的竞争中生存并发展。

下面我们以新浪、搜狐和网易为模型，阐述商业模式创新的必要性。

假设有一家名为新浪的企业致力于网络新闻市场，最简单的方法是像卖报纸一样向每个用户收费。

另一家名为搜狐的企业对新闻网站的市场前景同样持乐观态度。为了与新浪竞争，搜狐降低了产品的使用费，抢走了新浪用户。

由于新浪与搜狐之间的竞争，一家名为网易的企业发现了更大的市场。因此，网易为了吸引新读者，提供了免费的新闻阅读，抢走了新浪和搜狐的老用户。

然而归根结底，看新闻是肯定需要支付费用的。不收费，企业如何养活员工？如何维持公司业务？但是三个门户网站都意识到，如果向用户收取费用是不切实际的，那么找到愿意为用户埋单的人可不可行呢？事实证明不但可行，而且这种商业模式已经成为主流趋势。但商业模式是一个长期的探索过程，在成功以前企业如何生存？

生存的第一种方式：在找到正确的商业模式之前先"吃一些零食"。

例如，阿里巴巴、在线电子市场、付费会员、在线推广、在线虚拟主机等都是商业模式的探索过程，也是解决企业生存的缓兵之策。在百度未找到付费排名之前，就是依靠提供后端搜索技术来维持公司运营。

生存的第二种方式：找一个投资人。

帮助初创企业撰写商业计划书寻找投资人，正是本书的目的。严格来说，寻找投资人已经成为主流的初创企业发展模式。规模越大、商业模式越广阔的创业企业，对融资的需求越强烈。

前文提到的阿里巴巴和百度，都是通过好几轮的融资才一步步达到今天的发展水平和市场地位。在这里要提醒广大的创业者，投资人参与融资，实际上是在买你的未来，你撰写商业计划书，吸引融资实际是在出卖你的未来，这是一个你情我愿的公平交易，千万不要在取得收益后不愿意回报。

如果创业者在商业计划书中言之凿凿，"我有一个明确又完美的商业模式"，说明你的项目没有什么发展潜力。诚然，未来应该是光明的，但一般都是模糊的，不会是明确而完美的。就像商业计划书需要不断修改一样，企业的商业模式也需要不断完善，投资人不会相信所谓的完美商业模式，但会投资给一个空间广阔、有无限可能的商业模式。

（二）赢利水平：公司当前收入、毛利润、净利润状况

公司获得利润的能力，就是赢利能力，也称为公司的资本和资本增值能力，通常用一段时间内公司的收入水平和收益数额来表示。

评估企业赢利能力的衡量因素主要包括六个方面：资本回报率、盈余现金保障倍数、营业利润率、成本和利润率、总资产利润率和净资产收益率。商业计划书中，投资人主要想看的是公司当前收入、毛利和净利润状况。

1. 公司当前收入

公司当前收入是一个较为通俗的说法，所谓当前收入，实际上是指总收入减去成本的结果，也就是企业的营业利润，这是反映公司生产活动结果的重要因素。利润通常包括投资净收入、营业外净收入、营业利润。其中，净投资收益反映了公司和公司投资活动的财务表现，即投资收益和投资损失抵销后的余额，营业收入反映了企业的经营业绩，包括主营业务的利润和其他商业利益、反映了公司业务活动的财务结果。当前收入计算公式如下：

营业利润 = 营业收入 − 成本费用 − 期间费用 − 主营业务税金和附加税

2. 毛利润

所谓毛利润是商业公司的销售收入（销售价格）减去原始购买价格的差额，它也被称为商品进售差价。流通资金和商品税尚未减少，因此它还不是净收入，称为毛利润。

如果毛利润不足以支付流通成本和税收，公司将遭受损失。毛利润占商品销售收入或营业收入的百分比称为毛利率。毛利率通常分为综合毛利率、分类毛利率和单项产品毛利率。

毛利率的计算公式如下：不包括税收的销售收入 − 不包括税收的成本 ÷ 不包括税收的销售收入

3. 净利润

净利润也叫作净收入，是判断企业经营效益的主要指标。计算公式如下：

净利润 = 毛利润 − 不能直接分配的成本，或

净利润 = 利润总和 − 直接分配成本 − 不可直接分配的成本

举个简单的例子：一个工厂一天生产了 100 件衬衫，卖出得到 2000 元的销售总额，购买制造衬衫的材料花费了 400 元，员工工资花费 400 元，

水电费 100 元，营业税 50 元，废料回收又花费了 200 元。这种情况下，该衬衫厂一天的毛利润、净利润和营业利润分别如下。

毛利润为：2000−400−400=1200 元

净利润为：2000−400−400−100−50=1050 元

而营业利润则为：2000−400−400−100−50+200=1250 元

因此，三者之间的关系是：营业利润 > 毛利润 > 净利润，净利润是企业的最终经营成果，净利润多，则表示企业的营业利润高。投资人主要关注公司的赢利风险，投资人期望从商业计划书的财务分析部分确定未来企业的财务收益和损失，从而确定投资该企业是否可以实现理想的收益。

二、财务分析：投资人最关心的部分

财务分析基于会计报表，即使用各种专业的手段来分析和评估过去和现在的企业偿付能力、赢利能力、运营能力和增长潜力。公司利益相关者通常会针对特定目的分析公司的财务状况。商业计划书中的财务分析就是为了给投资人看，尽量从投资人的角度进行财务分析，如公司现金流及融资后的成本走向预测、企业的资产负债表、企业的财务计划以及投资回报等，在商业计划书中为投资人提供有价值的财务信息。

（一）财务模型：公司现金流及融资后成本走向预测

创业公司做商业计划书，在财务模型上最重要的就是公司现金流及融资后成本走向的预测。

"现金流"意味着公司的资金必须像活水一样可以自由流动，必须防止资金断流。当然，在企业赢利尚未到来之前，企业要保证有足够的资金来维持业务的运营，直到产生销售收入，现金流流入。创业者必须知道公司现金流中断的日期，在那天到达之前，要找到投资者拿到融资，保持初创公司的现金流不断。

换句话说，"现金流"是初创企业的生命线，控制着初创企业的生死。

无论初创企业的项目有多好、团队有多好，现金流一断，谁都走不下去。创业者必须了解企业现金流的具体数额，并在商业计划书中将公司现金流及融资后的成本走向预测展示给投资人。有三个细节决定了走向预测是否合理。

1. 收入的基本假设

预测企业收入的方法并不复杂，只需在时间框架内分析产品或服务的价格和客户数量是如何增长的。

（1）产品定价。无论初创企业提供的是产品还是服务，都需要设定一个价格。第一步，将生产成本和想要获得的利润相加，预估出一个大概的价格。第二步，与竞争对手的价格做一下比较，不要做最贵的，也不必做最便宜的，达到行业内的平均水平即可。

（2）客户数量。如果是初创公司，何时会来第一位客户？有多少客户？这些问题都令创业者头疼。由于初创公司都是一些小企业，需要仔细计算客户数量，而不是简单使用市场份额这类的百分比表示。

以一家生产蓝牙音箱的企业为例，在销售时可以联系销售代理商每月大概可以卖出多少个。如果直接销售产品，需要考虑广告的效应。例如，在某杂志中刊登广告，该杂志的发行量为 50000 份，广告效果为 0.5%~1%，最多可以吸引 50000 × 1%=500 个用户。

（3）时间框架。把产品价格和客户规模一起加入时间表。一般来说，商业计划书中最好体现出 3~5 年的预测。但初创企业极易夭折，所以初创企业的财务预测最好以月为单位来计算，这样创业者就会对公司财务有一个清晰的认识。例如，设计和开发产品需要 2 个月的时间，测试、改进、批量生产又需要 2 个月，可能第五个月才能有第一笔收益进账。接下来的第六、第七个月，收入将继续增长。按月来做财务预测，在细节上会精准很多，令投资人信服。

2. 成本

商业计划书上的现金流走向预测需要考虑的成本如下：

（1）固定成本：员工的薪金发放、办公地点的房租、保险等员工福利费用以及其他的办公费。

（2）可变成本：生产所需要的原材料、产品包装以及运输过程中的成本。

（3）销售成本：宣传产品时的广告费用、销售以及客户服务的成本。

（4）设备成本：办公地点的装修、计算机、办公桌等办公用品的采购成本。

（5）税务成本：获得收益后需要上缴给国家的一部分资金。

与收入一样，成本也会在一定时间内发生。许多费用都不是在创建的第一天一次性付出的，比如产品宣传中的广告费用，并不是一次性就要打出去成千上万的广告费，广告支出必须要有相应的销售回报，上个月的广告发布后销售收入还没来，下个月的广告应该立即停止。

3. 分析和调查

企业家将月度收入预测和成本估算放在同一时间框架内，就出现了初创企业的启动生命线——现金流！在分析和调查现金流时，要找到一个收支的平衡点，平衡点之前的费用就是创业者需要准备的创业启动资金。

在做出预测后还要检查数据的比例是否合理，确保投资人能从商业计划书的数据中看到一个健康、合理的初创企业。企业的商业计划书也要随着财务预测不断调整，使之更符合企业的实际情况。

建议创业者们可以做两份走向预测，一份是上文所说的保守型，这一份可以体现在商业计划书上给投资人看；另一份可以大胆一些做乐观预测，看看企业在顺风顺水的情况下业绩可以做到什么程度，用以激励自己。当然，贴合实际的财务预测可以给创业者一双透视眼，帮助创业者看到企业的运营细节，预测出企业需要踏上的每一段征程。简言之，财务预测首先用于创业者的自检，然后才是给投资人看的。

还有一点要提醒第一次创业的创业者，最好能保证创业公司的现金储备不少于 6 个月，因为完成一轮融资一般需要耗费 6 个月的时间，企业必须储备足够的资金坚持到拿到融资的那一天。

（二）资产负债表：如何应对流动性风险

资产负债表也叫作财务状况表，代表公司在特定日期的财务状况的账簿报表。在资产负债表中，分为资产和负债、股东权益两个主要区块。在经过会计的一系列核算程序后，汇总到一个报表中。

投资人非常关注资产负债表。巴菲特曾被业内人士称为"资产负债表投资者"。资产负债表流动性分析是资产负债表分析的一个重要方面。图7-2-1所示的资产负债表，右侧是股东权益和长期、短期贷款、负债等，是维持公司业务发展的资金来源，左侧是包括现金、无形资产及商管、固定资产等在内的企业资产。

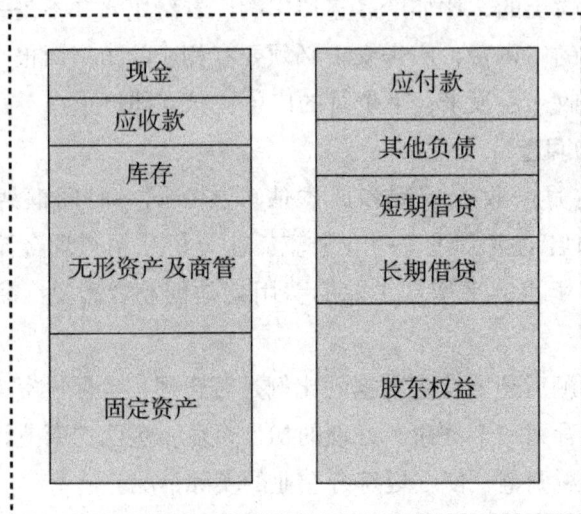

图 7-2-1　资产负债表的流动性分析

对于投资人而言，商业计划书中资产负债表的动态效果越好，企业就越安全。从创业者的角度来看，公司的资产中可流动的资产是最重要的部分。现金、应收款和库存分别有不同的流动性，相比较而言，现金具有最佳流动性，应收账款的流动性较小，库存的流动性最差。

公司资产的流动性是在不断变化的。如果创业者大量投资固定资产，这可能会降低整个公司的资产流动性。所以创业者在投资固定资产时不要超过经营的现金流。

债务和股东权益对应资产。相反的是，债务和股东权益越稳定，企业越安全。从稳定性的角度来看，股东权益是最稳定的。此外，对于长期借款和公司债券等长期借款，3~5 年的还款期通常相对稳定。短期借款通常在一年内偿还，稳定度不如长期贷款。最不稳定的债务是应付款，通常在

1 至 2 个月内支付。有些公司依靠上游和下游的应付账款维持运营，公司管理得当，问题就不大。然而，当业务中断时，销售额急剧下降，公司立即面临危机。因此，这种公司就是"静态不稳定，动态稳定"的典型代表。以联想为例（见图 7-2-2）：

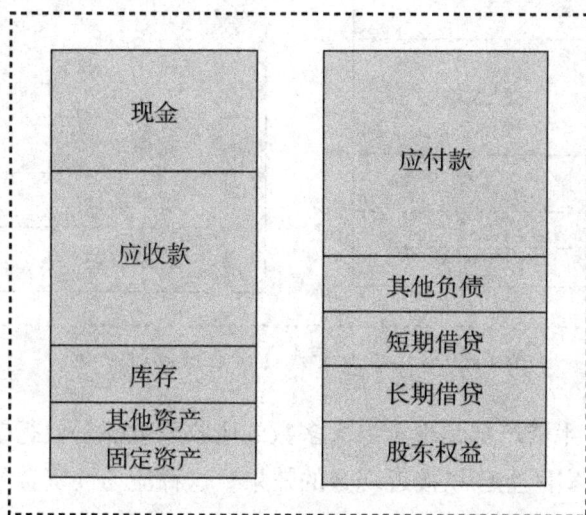

图 7-2-2 联想资产负债表的流动性分析

　　联想的固定资产很少，它是一家典型的"轻资产运营型公司"，联想维持业务的绝大部分资金来自应付账款。股东权益不多，短期和长期贷款规模相对较小。如果联想在一个月内的应付账款约为 23 亿美元，则联想有必要不断保持销售的稳定增长以支付应付款，否则，维持运营的资金将断流。

　　联想拥有大量"净现金"（现金减去所有短期和长期借款）。许多不了解金融的人认为联想拥有兼并和收购的优势。然而，仔细分析就会发现问题。净现金是一种平均的商业衡量标准。然而，对于"类金融"的公司而言，"净现金"并非真正属于公司的真实货币。企业可以在日常运营中使用这笔钱，但无法兼并。兼并和收购实际上是将高流动性现金转换为非流动资产，如固定资产和商誉。此外，并购属于非常不稳定的应付款，风险极大。相比之下，格力作为"类金融"企业，比联想资产负债表的流动性要好（见图 7-2-3）。

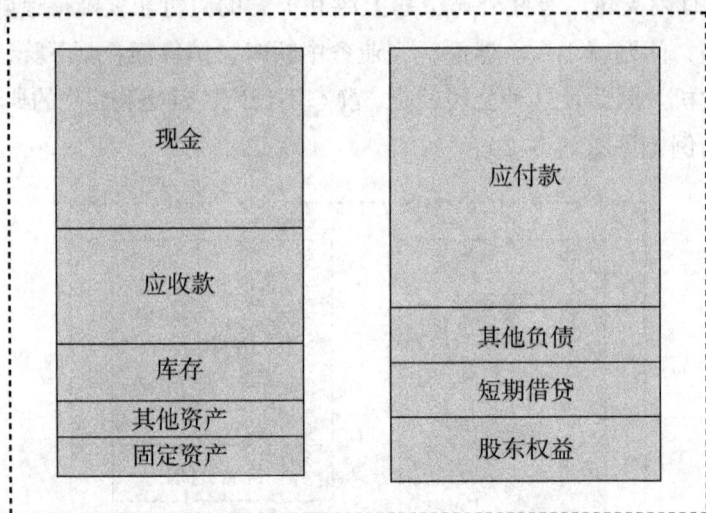

图 7-2-3　格力资产负债表流动性分析

格力近一半资产都是现金。大多数的应收账款都是银行票据，具有很好的流动性，实际上已经接近现金的效果。这种流动性资金约占格力资产的 75%，比企业应付账款的总和还要多。换句话说，首先，格力的静态是稳定的；其次，流动资产量优于流动负债量；最后，格力还是一家"轻资产管理型公司"，固定资产很少，从资产负债表上看起来就是一家好公司。

资产负债表的流动性对初创企业而言很重要。公司经营上赚取的利润和损失，不会伤害到企业的根基。但公司的资产负债表结构不好，危害就很严重。即使公司赢利，因为流动性资金的耗尽也可能会陷入困境。公司是这样的，大到一个国家也是如此。在美国，次贷危机的产生就是资产负债的问题，许多公司借用高杠杆的债务太多。当发生损失时，资产负债表受到严重破坏无法偿还债务，造成危机。除了内部调试，防止不当行为，商业计划书上的资产负债表可以使投资人在最短的时间内了解业务情况，一份具有良好流动性的资产负债表可以消弭投资人的重重顾虑。

（三）财务计划：谨慎保守更容易活下去

在战略探索的初始阶段之后，初创企业成功启动。通过提供优于竞争对手的产品并帮助客户实现对同行的某些期望，得到了客户的认同。随着最初的战略成功实现，管理层开始计划下一个战略。成功的原因在创业者心中是非常清楚的。因此，创业者往往会集中所有资源发展核心业务，以提高竞争力。在这个阶段，小心谨慎和持续探索对成功来说至关重要。

公司的核心业务和能力是推动公司继续发展的强大动力，凭借这种动力，初创企业打败了那些不够积极主动、没有充分集中精力的竞争对手。但是，这种高速升级隐含了一定的弊病。受到利润的强大吸引，公司已经开始准备进入更加高端的市场，已经开始偏离自己的成功轨道，开始忽视对客户的关注，并逐渐失去对价格很敏感的大众市场。很多企业认为用高端产品可以弥补在大众市场的损失，这种想法看起来没什么不对，但是高速发展隐含的弊病就快暴露出来了。

创业阶段，企业的增长空间非常大，一旦成功后，增长速度会放缓，领导者为了追求利润回报，往往会选择开辟新业务，以期带来较大的利润。然而，新业务实际上并不能承受这样高的期望，难以达到预期的高增长性要求，无法弥补失去的市场利润。

因为创业者没能清楚认识增长的巨大差距，管理团队的确定价值也出现了差距，创业团队有了疑虑和犹豫，并且正在失去对新业务增长的耐心。最后新业务面临两种结果，一是放弃新业务止损；二是暂时忍受亏损坚持新业务。这种情况下，财务计划谨慎保守的企业更容易活下去。

一般来说，消费者难以对新业务产生共鸣。因此，该公司在此期间的新业务收入不足，但由于成本已计入预算，损失将继续增加。如果公司需要发展新业务并且新业务不符合预期，必须做出调整以扭转危机。协调的关键是确保核心业务所需的成本，返回核心业务并节省资金，公司可以迅速回归良性状态。扭转危机的公司基础是它仍然具有足够的财务能力。如果对新业务的投资超出了公司的财务安排，公司无法保证核心业务的增长，那么损失就不是暂时的，而是长期的。

很多企业无法实现增长，究其原因，不是没有能力开始一个新的业务，而是没有足够的资金支持。公司本身并不具备足够的经济能力，在发展新业务时，创业者对企业的财务能力做出了错误预期。在初创企业的生命初期，企业自身的财力是公司赖以生存的基础。

在商业计划书中，创业者总是想谈论创新。投资人也是创新的最直接支持者，但这种支持是支持业务、技术、产品和服务的创新。在经济上，投资人会更看好谨慎保守的财务计划。如果不保守，一旦发生危机，初创企业遭受的将是灭顶之灾。

因此，创业者需要为保守的财务计划做出一些努力：

（1）以正确的方式行事并忠实于原定的目标。只要创业者能够保证企业的产品结构战略适应于当下的市场环境，环境带来的挑战并不像想象中的那么糟糕。

（2）挑战成本降低的极限。在危机中，通过调整人力资源结构，获得更合理的人力资源。冗员的裁撤也可以帮助企业降低成本，一旦有更多的机会来临，这种更合理的人力资源结构将使企业有机会超越其他公司。

（3）贴近客户的投资。企业将所有资源都放在客户身上，客户回报的利润可以帮助创业者获得足够的资源来维持公司的发展。

因此，本书认为用于融资的商业计划书，财务计划必须保守。只有具备充足的可运用资金，才有渡过难关的基础。谨慎保守的财务计划也许不能为初创企业赚取丰厚的利润，但至少可以帮助初创企业平稳地坚持到获得融资。

（四）投资回报：能否持续为投资人创造财富

很多创业者在撰写商业计划书时都容易犯一个错误，为了彰显企业的投资价值及前景，他们往往都会花大量的时间和篇幅用于计算投资的内部收益率（投资渴望达到的报酬率），实际上，风险投资人只看投资回报倍数。

假设某个投资人去年投资了 10 个项目，这 10 个项目的结果可能是 4个项目不幸夭折，2 个项目刚好可以收回投资，3 个项目回馈了 2~5 倍的收益，还有 1 个回报超过 10 倍。其实大量的实践证实，科学合理的投资回报期望，是对初创项目期望 10 倍的投资回报，对已经成熟的项目投资期望 3~5 倍的投资回报。

在初创企业的前期项目中，企业家的目标如果是 40% 的内部投资收益率，投资人也许可以拿到 5 倍的投资回报，但这还是未能弥补 4 个失败的投资和 2 个没有赢利的项目，因此，在试图说服风险投资人时，企业家应该在商业计划书中让投资人看到如何能实现 10 倍的回报，而不是 40% 的内部收益率。

　　与个人天使投资有所不同，风险投资基金的投资需要考虑更多，想要得到的投资回报也更大。风险投资基金提供的资金分期支付，而不是一次性支付全部投资。例如，投资人承诺向初创企业提供风险投资基金 1 亿元人民币，则该初创企业将在约定时间收到每个不同金额的发票，分别占整体投资金额的 3%~10%。

　　这是因为风险投资公司也需要一个投资周期进行资金的周转，风险投资一般会在 3~6 年内将投资金额分批次注入初创企业。风险投资基金的资本外流相对较慢。此外，风险投资人希望自己的出资者账户中有资金。

　　投资人期望的投资回报率高低取决于所要承担的投资风险。如果投资风险大，投资者期望回报率高。风险因素主要包括时间和资金的流动性两方面。正常情况下，投资期限越长，投资人期望的回报率也就越高。因为企业使用钱的时间越长，就越有可能因意外事故而赔钱。作为投资者，希望通过高的回报率来弥补这种风险。此外投资人还要考虑资金的流动性，也就是回收投资的难易程度。一旦投资人发生意外，需要紧急资金，是否有可能从初创企业中提取资金？如果可能，那么这项投资的流动性很强，投资回报会相应低一些。

　　投资人在投资中小企业或者初创企业时要求的回报率较高，对大多数初创企业而言，失败的风险也很高。根据大多数创业者的说法，七个创业公司中只有一个能在激烈的竞争中幸存下来。创业者要做好心理准备，不要因为一次失败就被打倒，很多企业家都是在经历了一次次的创业失败后才取得成功的。

　　依据高风险高回报的原则，创业者在撰写商业计划书前可以通过评估自己的投资风险得到投资人心中的预期回报。这里要提醒创业者们在商业计划书中的投资回报率不要预测得过高，不切实际的高利润回报难以令风险投资人信服。保守谨慎又要充满自信的态度才能使你的商业计划书获得投资人的认真对待。

第 8 章

企业估值与融资需求

2018 年，资本市场相对火爆，上市公司名单一大串，年轻人的创业梦想被创业成功者不断激励着。只要创业就离不开资本，想要获得资本就要先准备好一份优秀的商业计划书。这一章节主要讲述商业计划书中的企业估值与融资需求，包括如何设定合理的企业估值、出让股权比例的计算方式以及商业计划书中明确的融资需求。

一、如何设定合理的企业估值

商业计划书中的企业估值，是创业者对企业的内在价值进行评估。企业评估的合理性非常重要，过低的企业评估会使风险投资人认为企业没有价值，丧失投资兴趣；过高的企业估值也会带来很多的后续麻烦，所以创业者在商业计划书中的企业估值一定要科学合理，既不能过高也不能过低。

（一）企业估值的 3 种主流方法

随着中国市场经济的迅猛发展，股权交易变得频繁，商业计划书中的企业价值评估对企业和投资方而言都是一个问题。总的来看，企业估值有 3 种主流方法，如图 8-1-1 所示。

一	市场法
二	成本法
三	收益法

图 8-1-1　企业估值的 3 种主流方法

1. 市场法

市场法是基于价格形成的替代原理，并通过直接比较或分析近期市场中类似资产的交易价格进行价值评估。这种原则决定了它的使用前提：首先，必须有一个活跃的公开市场来寻找参考对象；其次，可以测量和收集到与被评估资产相关的参考对象和指标、参数、价格等。在企业价值评估中，市场法常用的基本财务模型是 PE（市盈率）、PB（市净率）、PS（市销率）模型。

（1）PE 模型中，被评估公司的每股价值等于：参照对象的平均市盈率 ×

被评估公司的每股收益。

这种模型的优势在于计算简单，数据易于获取，涵盖了业务收入、增长率、股息支付率等因素，综合性高。缺点是当初创企业项目正在开发阶段还没有收益时不能运用这种方法进行价值评估。

（2）PB 模型中，企业股权价值等于：参照对象的平均市净率 × 被评估企业的净资产。

PB 模型的优点是当企业没有收益无法使用 PE 模型时可以使用 PB 模型，缺点是 PB 的指数很容易受到政府政策的影响，此外，一些高科技公司的价值与净资产账面价值的关联不大。如果是互联网或者高新技术产业的创业公司不建议使用这种估值方法，因为可能会低估企业的价值。

（3）PS 模型中，被评估企业的股权价值等于：参照对象平均 PS 比率 × 被评估公司的销售额。

PS 模型的优点是评估过后没有负值，相比 PE 模型和 PB 模型，PS 模型显得更灵活，适用的企业范围也更大。缺点是该指标不能反映公司的成本，如果创业者在商业计划书中的估值采用的是 PS 模型，建议创业者对运营成本加以说明。

2. 成本法

成本法的原则是从投资人的角度估算，评估与目标企业相似或相同的新资产购买成本。使用成本法时，首先根据现有市场情况估算购买同一资产的总成本，然后扣除各种折旧或技术过时以及市场环境改变造成的贬值。

在初创公司运用成本法进行估值时，首先要根据公司资产负债表中的创业历史成本计算初创企业每个单一资产的成本，减去相应的贬值金额，扣除负债后，公司每项单项资产的重估价值总和为公司估值。

对于企业来说，成本法的优点是操作有所凭借，数据对于投资人也更有信服力，在初创企业的资产评估中有广泛的应用。只要公司拥有实物资产，就可以运用成本法做出一个看似合理的估算。但值得注意的是，成本法将公司有形资产与无形资产分开，并未考虑无形资产对公司价值的巨大影响力。这种评估结果反映了初创企业资产在基准日的现值。但是，它没有向投资人反映出未来发展的可能性。初创企业要根据自己的行业方向谨慎选择是否用成本法进行估值。

3.收益法

收益法一般适用于大多数的初创企业，也更加科学合理。首先，它反映了公司全部营运资金的收入，并全面评估了公司的价值。其次，它的评估指标还包括时间价值。收益法在评估日对未来的现金流进行贴现，把企业的未来发展也纳入了价值评估中，但这种评估方法在计量过程中有其自身的局限性，因为企业的未来预测不一定100%准确，参数选择稍有不慎，评估结果将呈现天壤之别。所以，初创企业在使用这种方法对企业进行估值时一定要合理地预测资产的未来收益。其公式为：

评估值 $V=A/r$ （A 为平均年收益额；r 为未来预期收益的本金化率）

从公式来看，使用收益法的前提条件是预期收益可以用一个较为准确的数据来衡量。另外，还要能够预测初创企业可以正式获得收益的年限。

创业者在撰写商业计划书时要客观评估公司资产，方便投资人确定股东权益和公司价值，一般采用成本法和收益法较多，市场法则相对较少。因为在市场中很难找到一个情况差不多的参照对象，尤其是在市场交易数量相对较少的情况下。从理论上讲，收益法更适合项目的评估，但是相关参数的选择限制了收益法在实践中的应用。因此，在实际的企业价值评估中，投资人往往更倾向于用成本法进行保守性的估值。

无论初创企业采用了哪种估值方法，最后呈现在商业计划书中的企业估值一定要合理，起码要让投资人觉得你的估值是合理的，可以列出一些相关的企业数据来佐证你的企业估值。

（二）企业估值过高也将带来后续麻烦

创业者都希望通过商业计划书拿到尽可能多的钱。这是因为资源的增加会使企业在竞争中更有优势，并且可以避免由于缺乏资金而进行的一系列艰苦的工作，创业者的这种心理是完全可以理解的。企业的估值是决定融资数量的重要因素之一，有些创业者为了拿到更多的融资，在商业计划书中对企业估值过高，其实这会带来很多的后续麻烦。

几乎每个投资人都会问创业者："你需要多少融资？"这个问题是没有标准答案的，但是我们可以从成功的企业家身上学到一些经验。

1. 企业财务支出的速度和融资的速度相同

无论是 100 万元还是 1000 万元，和融资数额没有太大关系。融到的钱越多，企业的花销越大。无论是增加人手还是参与展出、公关活动、参加会议、申请许可证等，无论企业获得了多少融资，都会在一年或一年半的时间里把这些钱花出去。即使产品从未从市场获得良好的反馈来支持这些需求，企业也会用拿到的融资来满足这些额外的需求。

有投资人将融资比作自助餐。在挑选食物时，人们往往会多拿一些并将它们放入托盘中以备不时之需。这就像创业者申请融资一样，市场上的资金相对丰富，创业者可以适当地多拿一些，但是不要全都花光，最好只花 70%。但实际上，没有企业这样做，即使前期计划得好好的，执行中也因为各种各样的意外把融资全都花光了。

2. 融资金额决定了投资人对公司的评估

这听起来有一些荒谬，但对于早期的初创企业来说就是这样。对于有多轮融资的企业来说，出让给投资人的股权是有限的。初期阶段为 20%~25%，在中期和后期阶段为 15%~30%。

因此，商业计划书中 500 万元的融资需求说明企业的估值大约有 2000 万元，要让给投资人 20% 的股权。商业计划书中 2000 万元的价值评估看起来明显优于 1000 万元的价值评估，但事实并非如此。

对于初创企业而言，在估值 1000 万元的时候申请融资，筹集到 300 万元左右的资金就可以了，估值 2000 万元就要申请大约 500 万元的融资。前者更容易，成功率也更高。

3. 随着企业的发展融资难度将不断加大

过高的企业估值带来的危害会随着一轮轮的融资逐渐凸显。估值 2000 万元时融资 500 万元，到了第二轮第三轮融资，估值 4000 万元就要申请融资 800 万元到 1000 万元。大的融资量会令不少投资人望而却步。

投资人普遍希望资本回报率在 10 倍以上，并且对早期投资的期望值会更高。从数字的角度来看，投资人投资估值 1000 万元的公司获得 10 倍收入，要比估值三四千万的公司获得 10 倍收入容易得多。

4. 过高的估值不利于约束创业者

创业者创业就是为了赚钱过好日子，但无数的事实证明，苦难确实可以激发人的潜能。

更重要的是，有限的资源会使创业者为了减少成本做出一系列有利于企业成长的决策，例如削减无用的员工、精兵简政，或者在采购原材料时尽力去和供货商砍价。这种节衣缩食的苦日子会使创业者时时保持忧患意识，避免企业做出不理智的决策导致企业亏损。

5. 维持和投资人的良好关系

不同的投资公司，行为方式也风格各异，有的投资公司不注重后续跟投，一旦企业发生危机，就会抽身而去，还有些投资基金主动创造机会力求拿到公司全部股份。大部分的投资公司则是介于两者之间。了解投资人的投资风格对于企业的未来发展是有利的。当企业想进行第二轮融资时老搭档总会比新朋友更容易说话，但如果过高的企业估值使投资人难以达到预期的投资回报，就会损害和老搭档之间的关系。

有些创业者认为没有对与不对，只要能融到钱就是对的。大多数人总是认为"赚钱等于尽快融资"。这是一个错误，很多企业往往在一年半载的时间内就需要再融资。

融资并不容易，但这是初创企业必要的生存资本。过高的企业估值确实可以让今天的企业走得更加安逸，但创业者必须还要考虑到企业的明天。为了下一轮的融资做打算，创业者也不能在商业计划书中将企业估值过高。创业举步维艰，创业者必须时刻保持谨慎，不要拿企业的未来开玩笑，合理的企业估值才是最安全的。

二、出让股权比例的计算方式

在进行合理的企业估值后，商业计划书中还要明确可以出让给投资人的股权，股权的比例直接决定了投资人的投资回报。虽说出让给投资人的股权比例越大，企业越容易得到投资，但是本书建议初创企业最多一次出让15%的股权，这是因为股权在融资中有被稀释的风险。为什么不能超过15%？股权稀释如何计算？下文会给出答案。

（一）初创公司最多一次出让 15% 的股权

虽然投资人的股权比例与投资者项目估值和投资金额有关，但本书建议在天使轮投资中授予投资人的股份比例最好在 10% 左右，最多也不要超过 15%。一旦超过 15%，在 A 轮之后，创业者将会失去对企业的绝对控制权。

许多企业家不了解融资过程中股份稀释的问题，这里通过简单的语言解释股票的稀释问题，希望能对创业者有所帮助。

1. 融资不等同于股权转让

首先，创业者们必须明确，融资不等同于股权转让。企业通过投资人得到发展资金，投资人获得股权，是公司的新股东，这是融资。股权转让则可以看作股东的股权变现，股权转让所得款项归属于股东，而非公司。这种类型的股权转让对公司的股权结构没有影响。除非转让股权获得的收益又成为投入企业的新资本，这种情况下股权转让与融资的影响类似，会导致企业的持股结构发生变化。

2. 融资的稀释作用

成功的公司在上市之前需要筹集资金超过 5 次。通常，天使轮是初创企业的第一轮融资，由天使投资人提供资金，天使轮的投资规模通常在 200 万元至 2000 万元之间，作为回报，公司需要出让部分股权。熬过了天使轮，企业的发展逐渐步入正轨，随着公司的扩张要进行第二轮、第三轮、第四轮甚至第五轮的投资，直到公司上市。每一次投资，企业都需要出让部分股权给投资人，这就导致了创业者和早期投资人的股权在不断被稀释。如果再考虑到 5%～20% 的股权激励，以及吸引创业合伙人的 5%～15% 的股权比例，企业家就可以理解为什么出让公司股权不能超过 15%。

3. 股权稀释与反稀释

最后，还要提醒初创企业的创业者，所谓股权稀释只是一种通俗的说法。在投资专业人士和风险领域，稀释和反稀释法规完全是两个概念。反稀释是一种保护手段，是为了避免降低投资人对公司的估值。

例如，第一轮投资时 50 元 / 股。等到第二轮时，资本市场环境恶化，价格下降为 40 元 / 股，这个时候第一轮的投资人可能并不快乐，因为他们的投资价值正在遭受稀释。

反稀释机制的国际通用方法如图 8-2-1 所示。

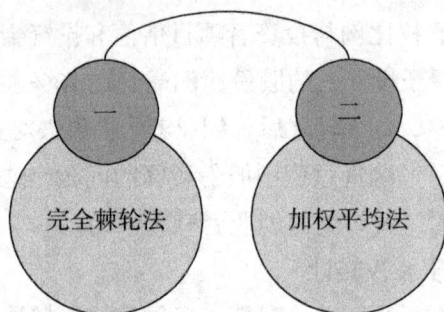

图 8-2-1　反稀释机制的国际通用方法

完全棘轮法常出现在中国市场上，它的计算方法比较简单，就是弥补股份给早期投资者，使他们的股票价格也下降到新的投资的价格水平。

加权平均法则没有完全棘轮法那么简单，但在国际市场上比较常见，它保护企业创始人的利益，但是补偿的份额没有完全棘轮法多。加权平均法的计算是最令律师头疼的数学题，创业者无须了解它是怎么计算的，只要知道它是一种防稀释的手段即可。

股权的出让比例是初创企业商业计划书中必不可少的内容之一，创业者一定要牢牢记住出让股权比例不能超过 15%，10% 的股权比例恰到好处，既能令投资人满足也避免了日后的股权稀释风险。

（二）股权稀释的计算方式

创业者虽然不需要将股权稀释的结果体现在商业计划书中，但自己心里有个数，对于商业计划书的撰写还是有好处的，创业者可以预先计算好被稀释后的股权，再反推商业计划书上的股权出让比例。股权稀释的计算公式如下：

A 轮投资股东稀释后股权 = A 轮股东原股权比例 × 注册资本 + A 轮股东本次注资（若没有，则为零）÷ 新的注册资本

1. 首轮融资持股比例计算

当企业家使用资本强化法引入投资人时，资本的增加会降低其他股东的持股比例。换句话说，融资稀释了创业者股权。举一个简单的例子：如

果某企业在天使轮融资 200 万元，假设投资人占公司股权的比例是 20%，创业者的股权比例就被稀释至 80%。我们先假设该企业的创始人分别是张三和李四，张三持有公司 80% 的股份，李四拥有公司 20% 的股份。在天使轮的融资完成后二人的持股比例被稀释至 64% 和 16%。具体计算结果如表 8-2-1 所示：

表 8-2-1　股权稀释示例　　　　　　　　　　　　　　　　单位：%

公司股东	融资前所持股份比例	融资后所持股份比例
创始股东张三	80	64
创始股东李四	20	16
投资人	0	20
股份总计	100	100

　　像这种只有两个创始股东的情况下，计算股票稀释度比较简单，但实际上，很多初创企业不止两个创业合伙人，如果有 5 到 8 个创业者股东和 2 到 5 个投资人，计算难度就大大加深了。几轮融资后，很多公司的股东都会达到二三十人，融资额也会多次改变，计算起来会更复杂。

2. 多轮融资持股比例计算

　　优秀的初创公司从开始到上市的过程中可能会经历三到五轮融资。通常，在第一轮天使融资中，释放 10% 左右的股权比例，如果有后续投资和公司扩张期间，将在每轮融资中释放 10% ~ 15% 的股权比例。例如，创始人张三持有公司 80% 的股份，创始人李四持有 20% 的股权比例，经过五轮融资后，股权稀释结果如表 8-2-2 所示。

表 8-2-2　多轮融资股权稀释示例　　　　　　　　　　　　单位：%

公司股东	融资前股比	一轮后股比	二轮后股比	三轮后股比	四轮后股比	五轮后股比
张三	80	64	57.60	51.84	46.66	41.99
李四	20	16	14.40	12.96	11.66	10.49
一轮投资		20	18	16.2	14.58	13.12

公司股东	融资前股比	一轮后股比	二轮后股比	三轮后股比	四轮后股比	五轮后股比
二轮投资			10	9	8.1	7.29
三轮投资				10	9	8.1
四轮投资					10	9
五轮投资						10
股份总计	100	100	100	100	100	100

从上表的数据结果可以清晰看出，创业者张三初始股权比例高达80%，拥有对企业的绝对控制权，而到了第三轮融资时，股权比例不到50%，已经失去了对企业的控制权。那么，创业者张三如果在创业之初将自己的股权比例调整为70%，经过几轮融资后，企业的持股比例又会发生什么样的变化呢？如表8-2-3所示：

表8-2-3　多轮融资股权比例示例　　　　　　　　单位：%

公司股东	融资前股比	一轮后股比	二轮后股比	三轮后股比	四轮后股比	五轮后股比
张三	70	56	50.4	45.36	40.8	36.74
李四	30	24	21.6	19.44	17.5	15.75
一轮投资		20	18	16.2	14.58	13.12
二轮投资			10	9	8.1	7.29
三轮投资				10	9	8.1
四轮投资					10	9
五轮投资						10
股份总计	100	100	100	100	100	100

这种情况下，仅仅经过两轮的融资张三就失去了对企业的绝对控制权，这种结果再一次提醒创业者，初创公司在商业计划书上的出让股权比例不能超过15%。否则，创业者很难维持住对企业的控制权，融资促进企

业发展固然是好的，但创业者要掌握好分寸，不要等自己辛辛苦苦建立的企业发展起来后却失去了控制权。

三、列出明确的融资需求

融资需求的阐述是商业计划书中的一个重量级部分。撰写商业计划书就是为了融资，简单来说，融资需求部分就是告诉投资人"我到底想要从你这里拿走多少钱"。明确的资金需求使投资者能够更好地了解企业家需要什么、数量是多少，以及企业准备以何种方式融资。明确的资金需求是投资者能继续看商业计划书的保障之一。一般来说，商业计划书的融资需求要明确以下内容：

一是初创企业的资金需求计划：如实现公司发展计划需要多少资金？要说明明确具体的数额、财务需求紧迫还是不紧迫、资金到手以后准备如何使用，要在商业计划书中列一份清单，解释资金的使用情况。二是初创企业的融资方案，包括企业的股份出让说明、企业资金的其他来源渠道等，内容较多且较为复杂，不同行业的企业融资方案的重点也不相同。

总的来看，商业计划书明确的融资需求应该包括资金运营计划、资金到账方式和资金到账时间表。

（一）资金运营计划：未来 12 个月重点发展方向

顾名思义，资金运营计划就是在商业计划书中向投资人阐述如何使用这笔融资。创业者可以从三个方面去阐述资金运营计划，至少要展现出公司未来 12 个月的重点发展方向。

1. 资金的使用方案

在资金的使用方案中要阐述项目资金的使用情况是用作添置办公用品还是增加员工薪资抑或用于广告宣传，在商业计划书中以表格的形式呈现出来，如表 8-3-1 所示。

表 8-3-1　某房地产资金使用计划表　　　　　　　单位：万元

序号	项目	建筑工程费	其他费用	合计
1	工程费用	76843.62	0.00	76843.62
1.1	A 地块	22900.97	0.00	22900.97
1.1.1	住宅	22650.46	0.00	22650.46
1.1.1.1	地上	22900.97	0.00	22900.97
…	…	…	…	…
4.1	管理费用		5643.54	5643.54
4.2	销售费用		7524.71	7524.71
4.3	财务费用		10618.80	10618.80
5	合计	76843.62	62834.69	139678.31

2. 资金使用的监督

加强对融资资金的监督和管理非常重要，因为公司资金的运作和相关利润密切相关。运作好企业资金，提高资金的使用效率，关系到企业运行成本的高低和效益的好坏，因此，加强资金的管理和控制具有十分重要的意义，它的有效使用将给整个企业经营注入新的活力。

很多初创企业存在的问题是对资金使用的监管不充分，公司资金转移的方向和过程不符合监督管理制度，资金的体外流通严重。在库存物资管理方面，管理层监管薄弱，腐败事件发生后没有可执行的处理方法。因此在商业计划书中一定要体现周密的资金监督管理办法，要让投资人相信他所投入的每一分钱都用到了实处。

协调融资和加强资金管理可有效防止腐败。在企业的生产管理中，没有资金管理制度是一个很大的漏洞，各个部门的借贷和挪用是各种腐败犯罪的主要原因。因此，在整体层面调配资金，制定严格的内部监管制度，确保企业加强资金管理，防止资产浪费，是创业企业必须做到的。

3. 投资的收益评估

严格来说，所谓的投资收益，是指项目所包含的货币收入。这项收益包括项目收入和资产回收（固定资产和项目结束时收回的流动资金）。为了做出更好的投资决策，投资人会对企业的财务业绩以及自己的投资收益做出效益评估，避免盲目投资造成亏损。

投资人喜欢有计划的创业者，给企业的每个阶段都定下一个小目标，有了目标的指引企业才能走得更好。商业计划书中的资金运营也需要明确的计划，阐释企业未来一年的重点发展方向。这不仅可以帮助创业者明确企业的发展目标，也会让投资人觉得创业者创业不是因为一时兴起，而是准备已久，值得信赖。

（二）资金到账方式：不同细节差异极大

初创企业的发展离不开资金支持。最基本的启动资金也要包括存款和商店租金等费用，企业要想做强、做大就必须快速有效地筹集资金。资金的到账方式的细节不同，会导致融资的差异极大。这种差异主要是由于融资渠道的不同造成的。

在我国当前的市场经济下，初创企业和中小型企业的融资渠道还是较为单一，大多数都是依靠银行等金融机构，但近几年随着创新创业的推行，融资渠道已经逐渐变得多样化，民间资本融资给创业者提供了不少便利。总的来看，初创企业有以下融资渠道（见图 8-3-1）：

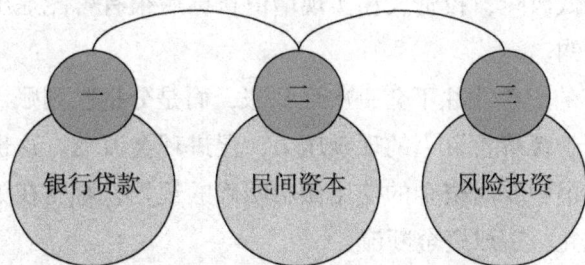

图 8-3-1　初创企业融资渠道

（1）银行贷款：银行贷款是最有群众基础的融资渠道，因为银行大多有政府做依托，财力雄厚，更能得到创业者的信任。银行贷款有以下 4 种：

①抵押贷款是指创业者向银行提供某些财产作为信贷抵押。

②信用贷款无须在银行设置抵押品，凭借创业者的信用拿到贷款。

③担保贷款需要创业者找到一位担保人，凭借担保人的信用拿到贷款。

④贴现贷款是指创业者在急需资金的情况下以未到期票据申请变现的贷款方式。

如果创业者选择了银行贷款就要做好打持久战的心理准备。因为银行贷款并非银行一个部门说了算，还要与工商管理部门、税务部门打交道。

银行贷款的资金到账要求创业者在本行开户，直接打入开户卡内，这样便于贷款资金的管理和使用，也可增加银行的派生存款。

（2）民间资本：近年来，政府鼓励和引导民间投资，随着经济市场的不断发展，民间投资进入大众视野，投资领域也在逐渐扩大。对于寻找融资的创业者来说，这绝对是好消息。此外，民间资本投资管理程序相对简单，初创企业的融资速度快、门槛低，虽然金额相对较少，但今年也在向着大数额的方向发展。随着制度的不断完善，民间资本会逐渐受到创业者的青睐。

（3）风险投资：创业者撰写商业计划书就是为了在风险投资这一融资渠道获得融资。在许多人看来，风险投资人就像一个神奇的"钱包"。"钱包"中出现的金额，可以让创业者一飞冲天，实现自己的商业蓝图。风险投资是一种高风险的高回报投资，风险资本家以股权投资的形式进入风险投资。为了降低风险，投资人在实现增值目标后很有可能退出投资，不会永远与创业挂钩。

风险投资的资金往往不会一次性到账，而是分批次到账。这种分次到账的方式有利于缓解投资人的现金压力，促进现金流动。这也决定了创业者在商业计划书中要对资金的使用做出明确的规划，避免在下一期资金进入之前将钱花光，造成资金断流。

（三）资金到账时间表：做好心理战、持久战准备

商业计划书的通过不是融资的成功，而仅仅是企业融资的开始。什么时候资金真的到账了，融资才算成功。创业者要做好心理准备，和投资人打一场持久战，由于风险投资资金延迟而使整个创业团队覆灭的例子不在少数。

在做好心理准备的同时企业不能坐等资金到账，而是要主动出击，使用以下几个融资的小技巧，促使资金早日到账。

1. 趁热打铁

当创业者一门心思埋头苦干时，投资人可能已经把手头上的钱投给了别的企业。这使初创企业失去了潜在的风险投资机会，所以初创企业申请融资一定要早做准备，提前撰写商业计划书，趁着企业处于上升期，趁热打铁、一鼓作气拿到融资。

2. 融资也要找找熟人

建议创业者在提交商业计划书前利用人际关系，深入地调查投资人，或与潜在的投资者进行互动，如果投资人是熟人那就更好了。在未进入投资阶段之前，投资人通常不会拒绝和任何一个创业者接触。新兴的职业的投资人甚至已经有"创业者是顾客"的理念。

初创企业在与潜在投资方接洽前要展开详尽的尽职调查，做到知己知彼。因为在投资领域中，有一些投资方根本没有资金，却表示出融资的兴趣，只是为了赢得新闻媒体曝光，为自己进行免费公关。

不要不敢追问投资方是否真正拥有资本，在投资方已经进行了基金配置、没有余钱投资时，从伦理道德角度来说，负责任的投资人会坦率地承认这一点。与创业者协商过一段时间再进行融资。如果你的投资人是熟人的话，既避免了所托非人的风险，资金的到账时间又可以大大缩减。

3. 做好 B 计划

所谓的做好 B 计划，其实就是准备两份商业计划书，两份不同的融资需求。创业者提前在自己心中制订一个最低融资额度的标尺，如果 A 计划的商业计划书失败了，告诉投资人我们还有 B 计划，建议投资人重新考虑一下。即使 B 计划的融资需求对于企业来讲没有那么完美，但尽快拿到融资，度过危机才是关键。

4. 重视各项条款

创业者不要以为与风投机构签订了合约就万事俱备只等资金到账。一位企业家说过这样一句话："任何文字性的东西，都不能保障你免遭违约。"大多数情况下，创业者只能苦苦等候迟迟不到账的资金，对那些言而无信、一拖再拖的投资人无能为力。

　　但是，创业者可以做一些工作来对投资人产生微妙的影响，获得投资人的信任并确保公司的利益。最好的方法就是雇用一位对早期投资经验丰富的律师。风险投资的协议繁多，许多条款专业又复杂，创业者很难理解透彻，难免会有疏漏。而协议中的一点小疏忽对企业日后的发展可能产生巨大的影响。在这一点上律师会显得非常重要，他可以帮助创业者优先处理重要的事情，让创业者知道哪些必须立即解决，哪些可以被推迟。

　　大多数投资都有一系列协议模板，请相关的专业人士帮助你分析这些协议条例，如果有些条例是明显不合理的，创业者需要重新思考要不要接受融资。

5. 在资金入账前，不要向公众透露任何消息

　　商场瞬息万变，在支票尚未签名、盖章、交付之前不要向其他人透露任何消息，有些时候创业者认为融资很可能会成功，最后发现只是创业者的一厢情愿。过早向公众发布融资消息，可能会带来负面影响，对企业的后续融资带来阻力。记住，直到资金结清的那一刻，才算是真正地融资成功。

第 9 章

风险说明与退出机制

任何项目都会存在风险，商场如战场，没有风险的项目是不存在的，只不过风险的大小不同罢了。投资人投资从某种意义上来说就像是一场赌博：赌对了，赚得盆满钵满，赌错了就要及早抽身，防止发生更大的损失。这一章主要讲述商业计划书中的风险说明和退出机制。事实上，风险越大的项目往往收益也就越高，就看投资人敢不敢赌，明确的风险说明可以找到志同道合的投资人。而融资的退出机制则相当于给了投资人一条退路，让投资人更加安心地参与到企业的发展中来。

一、阐述投资风险时的窍门

只要是投资就有一定的危险性存在，然而商业计划书中过高的投资风险阐述往往令投资人望而生畏，不敢投资。如何在商业计划书中既能说明投资风险，又不会吓跑投资人呢？其实投资均有风险，创业者不必太过讳言，缩小自己的投资风险，但是可以在商业计划书中选择性地表达企业的投资风险。

（一）投资均有风险不必太过讳言

提到投资，人们往往兴奋又恐惧，投资可以使人从百万富翁到倾家荡产，也可以使人从家徒四壁到腰缠万贯，这种例子在生意场上并不稀奇。为什么投资给人的影响如此之大？原因很简单：投资很危险。

投资的风险意味着投资人的资金有亏本的可能，创业者不要想在商业计划书中隐瞒或缩小风险，明明白白地把风险说出来让投资人自己去考虑就好。风险高未必是一件坏事，有的投资人就热衷于投资这种高风险高回报的初创企业。创业者在撰写商业计划书时，往往都在罗列各种数据，来让投资人相信这是一个"真实的故事"，但在这些证据的背后，往往会暴露出投资风险。创业者该如何阐述自己的投资风险呢？以下文中某食品公司在商业计划书中的风险分析为例说明投资风险。

风险分析：每个项目都有风险，但有效预防和控制各种风险的方法是在企业创建之初就要讨论的问题，创始人会采取各种措施来减少发生风险事件的可能性。为避免风险事件造成投资人不可承受的损失，将损失尽量控制在一定限度内，现将该项目可能存在的风险因素做如下说明：

1. 自然环境因素

由于气候以及其他自然因素对农作物产量影响很大，在运作过程中，不可能准确估算出要管理的产品数量，也不可能有效地分配资金。

2. 运输存储过程中的货损

为了满足客户的配送时间需求和配送数量需求，货物不可避免地会在配送仓库中堆积。由于产品类型各不相同，可能会因货物的特性而造成少量的产品损坏。如何尽可能减少货损是该项目必须要解决的问题之一。

3. 生产过程检测

由于品牌形象是绿色有机食品，需要对农作物的生产过程做全程的监控，待出售的农产品必须完全符合外部广告标准，否则，品牌形象将大打折扣，影响企业的后续发展。我们需要安排人员有效监控所有生产流程。这是否可以实现是一个问题，但如果因为质量出现问题损害公司的形象，将会极大地影响公司的生存发展前景。

4. 控制产品货源

控制产品的来源是为了实现一定规模的销售，我们必须提供某些种类的独家商品，但是种植户分布较为分散且数量众多，难以控制。我们要想垄断产品就必须提前对农户做出承诺，如果产品的市场销量不符合预期的销量，损失只能由我们单独承担。如果我们不对农户做出承诺，区域产品的垄断就无法实现。

与上文中有明确的风险因素分析类似，创业者在撰写商业计划书时必须要敢于承认风险的存在，有风险并不可怕，只要能够给出遇到风险时企业准备如何处理的方案，比避而不谈风险更能让投资人信服。否则，投资人会认为创业者的商业计划书考虑得不够充分，没有注意到潜在危险的存在，认为创业者粗心大意不值得信任，甚至很有可能因此 PASS 掉商业计划书。

（二）选择性表达投资风险的技巧

创业者如何在商业计划书中彻底披露风险又不打击投资人的信心？

有的创业者希望通过各种各样的数据陷阱来隐瞒风险，并希望利用思维定向去转移投资人的关注点。但事实上，最有效的表达技巧就是创业者必须充分认识到这些风险，并为投资人提供有效的危机管理计划。

例如，公司可能需要跟进和融资，但如果未达到预期的阶段目标来解决这一风险，企业会提前寻找替代资金来源，或者开源节流，控制日常支出，减慢资金的流出速度。

　　商业计划书中最容易被察觉的是市场风险。项目的行业市场是已经发展起来了，还是正在发展过程中，抑或还未开始？项目的发展需要时间，控制起来比较困难。如果在项目进入之前市场已经发展起来了，那么项目还能获得生存空间吗？投资人还会详细思考在这个行业中的未来竞争有多大，评估投资的风险性。

　　另外，商业模式也是每个投资人在商业计划书上花费时间最多的问题之一。如果商业模式的有效性得到确认且风险很低，那么杠杆率是多少？例如，如果投资人投资 1 美元，最终可以赚回来多少钱？这些问题也是投资人关心的问题。但是有的投资人并不介意商业模式，因为商业模式可以更改，这不是成功的焦点。他们认为创业团队的专注、学习能力、执行力和人才凝聚力才是企业的价值所在，了解了投资人的类型后，创业者就可以对商业计划书中的投资风险表达有所选择。这里的有所选择绝对不是让创业者隐瞒自己的风险，而是针对投资人比较关注的风险类型多做准备。

　　创业者不要认为商业计划书中的风险分析可以蒙混过关，专业的投资人轻易就可以看出你的避重就轻，例如当创业者说自己的项目拥有1000 万的用户，并且在商业计划书中提供消费者转换率时，不要认为投资者会觉得这是一个有利可图的项目，因为在创业者夸耀业绩的同时风险也显现出来了，创业者认为自己的用户会支付费用，但如果不支付怎么办？这是商业计划书背后隐藏的危险。如果能提出解决此类风险的控制计划，比数字的吹嘘更有效。它会让投资人觉得创业者是一个实干家，而不是冒险家。创业者的商业计划书必须要让投资人看到有解决风险的能力。在表达投资风险时要注意以下几点：

　　（1）提出的风险控制策略一定要有效果，效果低微甚至没有效果的控制策略反而会加大投资的风险，任何项目投资都会有风险，对风险的放任或控制策略的无效才是导致投资失败的关键因素。亡羊补牢，为时未晚，合理的预防措施和控制策略是弥补风险的重要因素，也是投资人希望在商业计划书中看到的。

　　（2）由于心理因素的影响，即使有一个完美的控制策略，不能被实践也会加大投资风险。执行力是风险管理的最重要环节。在金融市场，心态是特别重要的，因为市场是不可控的，创业者可以控制的只有自己。所以个人心态的展现在商业计划书中也极为重要。

（3）可以把创业者无法控制的风险放在商业计划书风险分析的最后。人的能力即使再大也是有限的，在创业者能力之外的部分都是无法控制的风险，一般指自然风险和未知风险。这种风险连投资人也无能为力，自然也不会苛求创业者有应对之策。

投资人在投资之前都会花大量的时间去思考投资的风险，不同类型的投资人对风险的评估结果也不尽相同。但对于所有投资人来说，最大的风险实际上是社会风险，因为这是系统性的，无法控制。创业者必须认真对待商业计划书中的投资风险，在不同阶段存在不同类型的风险，不同投资人对风险的重视程度也不一样，掌握了这些，就可以在商业计划书中选择性地表达投资风险。

二、有风险，但也有积极的应对方法

上文中已经提到过，商业计划书中风险的存在在所难免，关键还是要看企业有没有应对之策，应对已经发生过的风险相对简单，而应对未知的风险则相对较难。所以为了让投资人安心，创业者最好在商业计划书中做好融资后可能的风险事件预测，多做准备应对投资人眼中的风险，并在商业计划书中列出规避、应对风险事件的有效方法。

（一）做好融资后可能的风险事件预测

要想在商业计划书中做出未来的风险事件预测，首先创业者要了解风险的来源。

风险来源：根据可能的风险事件对风险来源进行分类。来源清单具有综合性，应包括所有已确定的问题，例如风险发生的频率、发生的概率、损益的大小。除了可能发生的风险来源外，还需要仔细确定潜在的风险事件。潜在的风险很难准确描述，但创业者可以从以下几个方面进行一一的排查，查找企业的潜在风险（见图 9-2-1）。

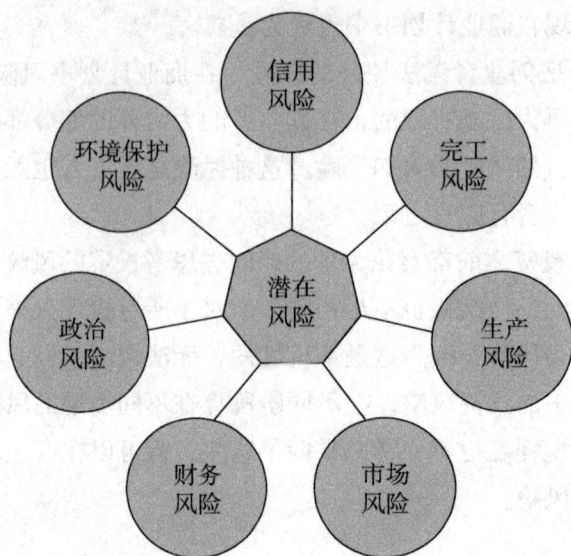

图 9-2-1　潜在风险

（1）信用风险。相关项目参与者无法履行协议义务是初创企业项目融资所要面临的信用风险。投资人对创始人和创始团队核心人员的可贷款资金和银行的信用额度都非常感兴趣，如果团队中有人有不良记录可能会对融资造成阻碍。

（2）完工风险。完工风险是指规定的期限时间内项目没有完成，项目必须延期完成或者完成了但无法满足预期的标准。项目完工风险往往发生在项目的建设阶段和试生产阶段，是项目融资的核心风险之一。完工风险意味着企业成本的增加，以及市场机会的丧失，会损害投资人的投资收益。

（3）生产风险。生产风险是生产过程中多种风险因素的总称，例如原型阶段和生产阶段的技术风险、资源的保障、能源和原材料的供应、生产运营以及劳动力状况。生产风险是商业计划书中投资人主要考虑的另一个核心风险。生产风险主要体现在技术风险、资源风险、能源和原材料供应风险以及业务管理风险上。

（4）市场风险。市场风险是指在产品能否维持生产质量，按时交货，以及市场需求和价格波动对项目产品价格产生的影响。市场风险主要包括价格风险、竞争风险、需求风险，这些风险之间互有联系又互有影响。

（5）财务风险。项目财务风险主要体现在项目融资过程中的利率风险和汇率风险。创业者和投资人都要对市场上的贷款、汇率波动、利率、国际贸易等政策的趋势有所了解，并加以预测和仔细分析，预测出可能发生在金融市场的风险变化。

（6）政治风险。融资过程中也会存在政治风险，如税制的改变、关税调整和非关税贸易壁垒的变化、外汇管制变化等经济政策带来的风险。在国际性的融资中，政治风险更大，两国关系随时影响国际融资，融资过程中的各个方面和阶段都可能与项目的政治风险有关。

（7）环境保护风险。这一点对于与工业有关的企业尤为重要，很可能由于必须遵守环境法规而停止正在建设或者已经建好的项目。随着政府越来越多的工作重点放在生产活动对自然环境的影响上，许多国家颁布了法律，规范了对带有辐射和毒害物质的垃圾处理。因此，创业者还必须注意项目融资期间可能发生的环境保护风险，如果产品属于化工产品更要提高对环境保护风险的注意力。

最低级别的风险来自对所操作的事物的不理解或不明白，就是人们通常所说的无知。对于任何事物来说无知都是最大的风险，风险预测也是一样。创业者要在商业计划书中尽可能全面性地预测可能发生的风险，以便提前有所作为，对风险加以控制。

（二）多准备应对投资人眼中的风险

考虑到融资对企业发展的重大影响，商业计划书必须起到很好的敲门作用，以促进融资的成功。这也就决定了创业者必须具备长远眼光和忧患意识，多做准备应对投资人眼中的风险。投资人眼中的投资风险主要还是集中在初创企业本身，通过对企业融资过程的分析，投资人往往会关注以下几个方面是否存在风险隐患（见图9-2-2）：

1. 负债规模

债务基金的利息会在企业所得税之前支付，所以债权人的风险相对而言低于投资人，所要求的回报率也比较低。但是如果融资过程中企业的债务规模过大，管理公司资金的难度会增加，严重时会影响公司的现金量，对公司的经营管理产生不利影响。

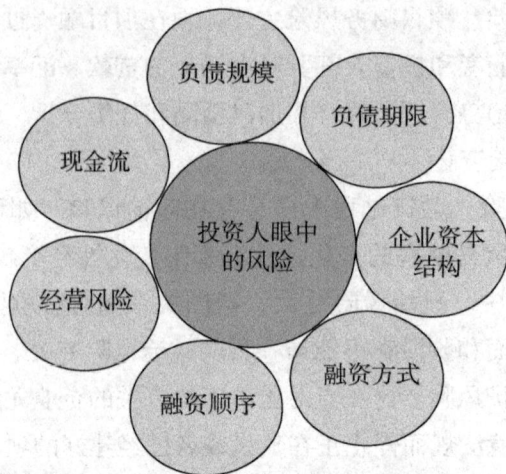

图 9-2-2　投资人眼中的风险

所以在融资过程中，公司必须严格控制负债的大小，如果初创公司不能将债务的规模控制在可控范围内，将会增加投资人的融资风险，也不利于企业的发展。

2. 负债期限

公司负债期限是指企业短期债务和长期债务的分配和拿到资金结清负债的时间。设定负债期限时必须考虑到公司的实际管理和还款能力，创业者必须全面准确地了解债务期限结构，只有在保证负债期合理性时才能有效应对财务风险。但是，从目前的初创公司债务期限结构来看，大多数的初创公司还没有优化债务期限结构，而是在融资过程中盲目设定还款期。这样一来，投资人可能觉得创业者没有给予足够的重视，企业融资将不可避免地走入险境。

3. 企业资本结构

企业的资本结构可以通过合理的计算达到最优的效果。创业者在撰写商业计划书吸引融资前，有必要优化企业的资本结构，在商业计划书上最好能达到成本最低的资本结构。在企业融资的过程中，既要保证融资结构的合理性，又要保证企业原有资本的结构合理性，在融资过程中不断调整，避免因为大量资金的涌入影响企业的稳定发展。目前企业资本结构不合理已经成为一项限制企业融资的重要因素。因此，在商业计划书中合理地优化资本结构布局才能降低投资人眼中的风险，保证企业融资能够取得积极成果。

4. 融资方式

不同的筹资方式有不同程度的优点和缺点。如果选择不合适，企业的额外成本将增加，利润将减少。企业在融资过程中，有很多筹资方式和融资手段，但并非所有融资方式都适合企业的业务需求。根据企业融资的实际需要，有必要在企业发展的各个阶段采用不同的融资方式。有了这个前提，只需根据企业的特点和实际管理制订具体的融资方案，就可以降低公司的投资风险，提高公司的融资效果。正确选择融资方式是有效预防财务风险和管理公司财务的关键。

5. 融资顺序

在融资顺序上，企业应注意维持合理的债务融资和股权融资顺序。就企业融资而言，某些企业在融资过程中同时存在债务融资和股权融资。考虑到债务融资和股权融资之间的差异，不应在同一时期执行，而是要有足够的时间间隔。然而，从大多数初创企业融资过程来看，企业在融资顺序上的时间安排导致了二者的交叉，这对创业者申请融资没有贡献，同时也加大了企业的运营风险。因此，合理的融资顺序极为重要。

6. 经营风险

经营风险，即企业生产经营活动的固有风险，企业管理行为对融资过程有一定的影响。企业管理的风险越低，融资风险也就越低。相反，投资人要承担的投资风险就越高。基于这种认识，在企业融资过程中，必须结合自身的实际运作，在商业计划书中全面预测投资风险。创业者有必要充分考虑企业的经营风险，采取措施加以整改，提高融资成功概率。

7. 现金流

初创企业现金流会出现的问题就是现金的流入量不足、企业资产不够动态化。由于贷款的本金和利息一般需要以现金偿还，即使初创企业当下的赢利能力良好，也不能够断定是否可以按时偿还本金和利息。创业者要充分了解企业管理现状和资产的流动性，并体现在商业计划书上，现金流动性差的企业一般在投资人眼中风险较大。

创业者在撰写商业计划书时可以先自查一下企业有没有以上七个问题，如果有的话及时改正，以降低投资人眼中的风险。

（三）列出规避、应对风险事件的有效方法

商业计划书中要列出规避、应对风险事件的有效方法，针对上文中提出的可能出现的风险企业可以采取下列风险防控措施（见图9-2-3）：

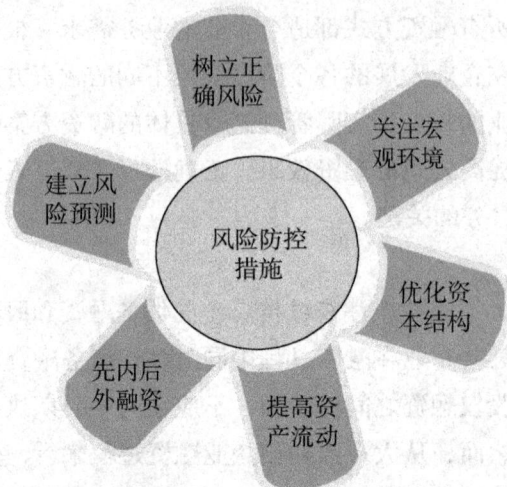

图 9-2-3　风险防控措施

1. 树立正确的风险观念

初创企业在日常的金融活动中要建立风险理念，提高风险防范意识。在企业融资过程中，需要足够重视潜在风险、准确地了解实际融资过程中的风险、深化对金融风险的理解，并从多方面了解产生原因和财务风险的有害影响。创业者撰写商业计划书申请融资都是想得到一个满足资金需求的积极结果。为此，创业者必须建立相应的风险观念，长存忧患意识，才能降低投资人的投资风险，拿到融资。

2. 关注宏观环境的变化

基于市场环境的重要性，以及企业财务与宏观财务环境的关系，创业者要对宏观的财务环境有所了解，通过对宏观市场环境的分析，掌握市场的动态变化，灵活地调整企业的生产经营方式和财务管理手段。随着宏观环境的变化，企业必须有效地降低企业融资风险，以确保企业筹集资金的能力和一定的风险控制能力，降低投资人的投资风险，提高融资的实效性。

3. 优化资本结构

所谓的最优资本结构，是指企业可以接受的最大融资风险中资金成本最低的一种资本结构。资本结构的风险性可以用债务比率的形式来表达，债务比例越大，风险也就越大。资本结构的合理性与企业融资能否取得积极成果有很大的关系。企业可以积极地优化资本结构，提高资本结构的合理性。优化资本结构是提高企业财务风险防控能力的重要手段。

4. 提高资产流动性

企业偿还债务的能力取决于所欠债务的额度和企业资产的流动性。只有拥有强大的流动性，企业才可以降低偿还债务的风险。保持和提高资产的流动性是初创企业提高财务效益的重要手段，在企业融资中发挥着重要作用。为此，企业需要对财务管理流程进行优化处理，加强资产流动性，降低投资人的投资风险。

5. 先内后外的融资策略

针对上一节提出的融资顺序的风险，创业者在商业计划书中可以提出先内后外的解决策略。企业在申请融资之前，要先对内部资金做优化处理，认真考虑资金成本、财务风险、信息传递等多种因素，利用内部资金的潜力，减少对外部资金的需求。在充分利用企业内部资金的基础上，明确对外部资金的融资策略，选择先内后外、先债后股的顺序融资来控制财务风险，一份没有外债的商业计划书可以让投资人放心不少。

6. 建立风险预测体系

初创企业需要建立风险预警系统，监控企业发展和运营情况，衡量财务风险的临界点。

鉴于融资对企业财务管理的实际影响，建立基于融资的风险预测系统，合理预测融资过程中可能发生的风险，有效防范和管理企业融资风险，可以提升企业融资的整体效果。

考虑到融资的特殊性，在特定的财务流程中很容易产生风险，因此采取必要的风险防范和管理措施对企业和投资人都有好处。商业计划书中应详细分析风险的成因，制订具体的风险防控措施。具体而言，创业者可以在商业计划书中采用认真分析财务管理宏观环境的变化、优化资本结构、改善资产流动性、建立预测体系等方法，有效降低企业融资风险。

三、退出机制：让投资人更安心

投资退出机制是风险投资机构投资的企业发展不成功，或企业无法继续发展的情况下，投资人可以将持有的企业股权转化为资本抽离该企业。风险投资的本质是资本管理，退出机制是风险投资人实现收入的阶段，也是进行下一轮投资的开始。这种退出机制可以避免投资人遭受更大的损失，是商业计划书中投资人比较关注的部分，退出机制降低了风险投资的风险性，让投资人更安心。投资的退出机制通常包括上市退出、并购退出、清算退出三种方式。创业者需要在商业计划书中指出哪种退出机制的可能性最大。

（一）上市退出：回报率最好的退出方式

上述三种方式中，上市退出是回报率最好的退出方式，即企业公开上市之后，投资人将股本转换为资本退出该企业，融资正式结束。

首先创业者们要先明确公开上市的概念，企业的首次公开募股简称为IPO（Initial Public Offerings 的缩写）。首次公开募股是将风险投资公司重组为上市公司，企业股票将首次通过资本市场公开，实现投资人的投资回报和资本的增值。

我国法律规定，外国投资者可以通过现行法律框架下的股票上市退出在中国的投资。根据相关法律法规，从股票上市退出机制的角度出发，有三种退出方式：海外控股公司上市、境外上市申请和境内上市申请。

事实上，在大量的国际投资中，海外投资者往往会避免直接使用自己的名字投资中国公司，而是在一些相比之下监管稍微宽松的离岸司法管辖区注册一家新的控股企业，例如百慕大、英属维尔京群岛和香港这些比较开放、体制宽松的区域，以及美国的一些法律政策比较宽松的州。海外投资人将控股公司作为项目公司，间接地通过项目公司在中国进行投资活动，投资人可以通过控股公司间接拥有中国外商投资企业的股份。海外投资人使用这种复杂的投资方式进行投资是为了利用法人制度，避免投资风险，同时准备在未来上市和重组控股公司。

作为控股公司提交上市申请是国内外最为普遍使用的上市形式，在世界上大多数的国家和地区的证券交易所都适用。例如，香港联合交易所的主板（Main-board Market，中国的主板市场包括深圳交易所和上海交易所）和创业板（Second-board Market，又称二板市场）都接受企业以控股的形式上市。金蝶软件有限公司在 20 世纪 90 年代末引入 International Data Group（美国国际数据集团）的风险投资。为了方便在香港联合交易所创业板市场上市，金蝶成立登记了有限公司，注册地点位于英国的开曼群岛。金蝶 2001 年上市后，美国国际数据集团在 12 月的锁定期后，出售他们持有的公司的股份并退出金蝶的投资。

对于外国的投资者来说，上市退出是比较普遍的退出方式。

随着时代的发展，越来越多的企业开始申请境外上市，境外上市是指企业通过重新组建转为股份公司，经国务院证券监督管理委员会批准后，提交境外上市外资股发行申请和境外证券交易所上市申请。中国公司海外上市的申请主要包括发行 H（内地注册、香港上市）、N（内地注册、纽约上市）、S（内地注册、新加坡上市）和 L（内地注册、伦敦上市）股票。我国证券监督管理委员会（以下简称证监会）在 1999 年发布了《关于企业申请境外上市有关问题的通知》和《境内企业申请到香港创业板上市审批与监管指引》，解决了企业海外上的法律障碍。

公司申请境外上市后，可以通过两种方式退出，一是在发行股票时出售部分现有股票，或者在企业上市后转让给其他投资者。但其出售或转让股票时受到上市规则和相关法律法规的约束，必须严格遵守法律程序。

国内上市是在上海证券交易所或深圳证券交易所上市，形式是发行 A（人民币普通股）、B（人民币特种股）两种不同类型的股票。

1. A 股上市

在中国的投资者中，大多数都属于战略投资者，他们谋求在中国市场的长远发展。近年来，立足于国内市场越来越好的发展前景，许多外商投资企业也想在国内股市上市。我国政府长期承诺，支持外资企业在我国的发展、运营，欢迎拥有卓越品质、良好信誉的外资企业进入中国股市。此外，为了提高外商投资在中国的利用率，中国证监会于2001年联合外贸部，对在国内 A 股发行的外国投资企业上市有关问题做出规定，外国投资公司符合产业政策的文件规定的外资股本占10%以上，将能够在国内上市并发行股份。这有利于吸引外商投资，改善外资利用结构。

2. B 股上市

中国证监会和外贸部规定，经中国证监会核准，包含外资的 B 股公司可在该公司成立之日三年后，在 B 股市场上市。它提供了一个畅通的退出通道。

总的来说，对于风险投资公司而言，上市退出不仅有利于保持风险公司的相对独立，而且通过公开发行的退出方式也可以得到证券市场持续融资的渠道。对于风险投资人来说，他的投资可以获得非常高的利润。

但是，上市退出也有其自身的缺点。首先，初创企业需要相当长的时间方能上市。其次，股份出售时间有限，限制了投资人资本的流动性，而且大部分中小企业难以达到上市标准。所以创业者如果在商业计划书中将上市退出作为最佳退出机制，一定要考虑好企业上市需要几年的时间，做好长远打算。

（二）并购退出：溢价并购也是一种成功

并购退出是指投资人在投资企业后，通过企业被并购的方式退出目标企业。由于上市审核标准的不断提高，企业上市的审计时间长、成本高，退出机制具有不确定性，并购正在取代上市退出成为投资人关注的热点。根据公开数据，美国至少90%的投资不是使用上市的方式退出，能够上市退出的只是一小部分。在资本市场较成熟的发达国家，二级交易市场价格相对公平，因此上市退出带来的资本溢价不一定高于并购退出，并购退出已成为欧美市场主要的退出方式。

2015年10月，中国证监会公布了关于上市公司重大资产重组行为和上市公司收购的有关规定，资产管理审批进一步推动了并购市场的活跃。相较其他的退出机制，并购退出的机制优势体现在以下几方面（见图9-3-1）：

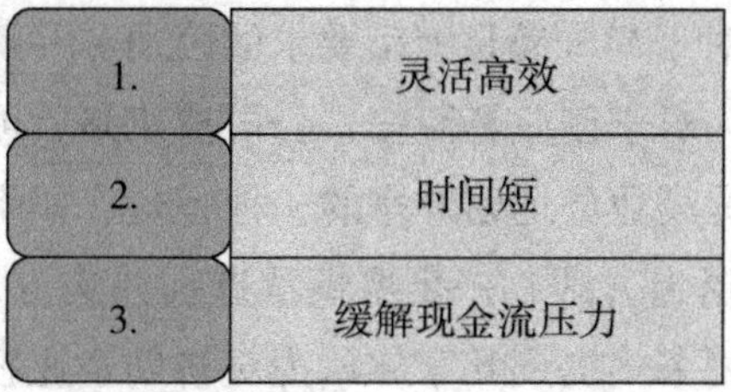

图 9-3-1　并购退出的优势

（1）灵活高效。与企业上市要经受的严格的财务审查和绩效的持续增长相比，并购退出流程更容易、更快速。并购退出机制可以在企业发展的任何阶段实现，没有关于企业商业模式、规模大小、资产多少的法律规定。通过谈判和协商达成协议后就可以进行兼并和收购，并购退出的机制提高了资本管理效率，降低了投资的风险性。

（2）时间短。并购结束投资人可以立即提取所有投资，企业并购的交易价格和最终收益是明确的。而上市退出首次公开募股的解禁必须等待 1 至 3 年，到期之后也必须考虑上市公司的股价波动。投资收益的不确定性有所增加。

（3）并购退出有利于减轻投资机构的现金流压力。对于专业投资机构而言，尽快终止投资清算收益比项目的超高利润更具吸引力。对于有众多投资项目的基金机构，一个项目的延期将影响整个基金机构的收益率。如果创业者在规定时间内未达成与投资人的协议，信誉的丧失将对企业的后续融资产生重大影响。

并购退出机制的缺点表现为：

（1）并购企业需要大量的资金储备，因此市场上的买家数量是有限的，可能一时之间很难找到合适的并购者，或者并购者提出的价格低于心理预期，企业并购价格产生折扣，这会使投资人获得的投资回报降低。

（2）由于市场的行情变化，以及商业信息的不及时，投资人为了尽快退出拿到现金，可能会导致企业的价值被低估，使投资人的收益低于上市退出的收益率。

（3）企业并购成功后，管理权和领导人可能会产生较大变动。这种权利的丧失可能会使企业的创业团队抵制并购，使原本简单的事情变得复杂化，管理层坚决反对的情况下甚至会导致企业并购的失败。

　　总的来看，对于尚未满足上市要求的公司，并购退出对于投资人是一种好方法。此外，对于创业者而言，公司被兼并后可以共享大公司的资源与渠道，这也是提高业务运营效率的一种方式。如果创业者在商业计划书中优先选择这种退出方式，一定要慎重选择并购方，合理估算企业价值，一定要在商业计划书中提到几家你认为对初创企业感兴趣的大公司，让投资人知道实现并购退出得到高收益的可能性是很大的。

（三）清算退出：投资失败但并不会全赔

　　清算退出是投资失败项目的退出方式。商业计划书中绝对不可以将清算退出最为优先退出机制，而只能作为针对投资人规避风险心理的保底退出机制。清算退出可以保证投资人的投资虽然失败，但不会全赔。

　　风险投资是一种具有高失败率、高风险的投资行为。据美国的权威统计，在美国约有 20%～30% 的风险投资项目完全失败了，大约 60% 项目发展不顺利，只有 5%～10% 的风投项目成功。对于风险投资机构来说，一旦创业公司项目失败、无力回天，不得不以这种方式退出。毕竟，投资人不能和投资项目一起倒闭，通常情况下，清算退出只能收回原始投资的 64%，这些资金可以作为下一投资周期资金循环，清算退出是不得已而为之，这是投资人为了避免陷入更大的泥潭而必须做出的选择。

1. 清算退出方式

　　清算退出主要有以下两种不同的清算方法（见图 9-3-2）：

　　一是破产清算。如果公司因无法偿还其债务而宣告破产，法院将依法组织清算机构清算企业的剩余价值。

　　二是解散清算。换句话说，就是无力经营，开始清算程序以解散高风险的公司。这种清算方法不仅花费昂贵，还需要大量的时间进行清算工作，因此并非所有投资不成功的项目都会采用这种清算方法。

　　站在风险投资家的角度来看，公司失去了发展的可能性，增长率太慢，或者无法达到预期的回报率，为了减少损

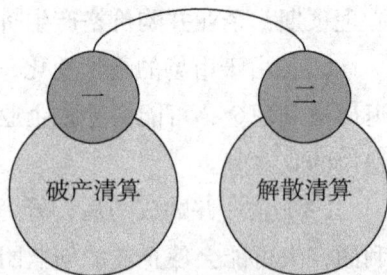

图 9-3-2　清算方法

失并尽可能多地回收资金而采取清算退出机制是一种明智的选择。回收的资金可以继续用于新一轮的投资。

2. 清算退出的法律障碍

清算退出机制是投资失败的结果，也是许多情况企业最后的退出渠道。根据调查，一般情况下清算退出法可以收回 64% 左右的投资额。

在中国，风险投资公司的清算和破产中最初没有相应的法律法规。现行的《企业破产法》只适用于那些在个人企业破产，《民事诉讼法》的破产程序并不适用于股份公司，其次，如何保护破产清算中投资人合法权益的问题尚未得到充分解决。根据《公司法》的有关规定，一旦投资进入企业，就是合法的法人财产。如果清算，投资人也拥有无形资产，有必要合法地区分产权。此外，倘若投资人在被投资企业中担任了股东，清算优先权的问题更需要法律给出可循的规章制度。

在以上三种退出机制中，清算退出是投资人最不愿意采取而又是创业者必须在商业计划书中说明的退出方式。只有在企业失败、入不敷出时，才会执行清算退出程序。通过清算退出，基金公司可以收回投资成本，这已经是一个濒临绝境的情况下最为理想的结果。清算退出意味着投资的彻底失败，虽然不会全赔，但这种结果可能会导致风险投资机构的投资能力和市场判断力遭到外界的质疑。

（四）经典案例

这一小节为创业者讲述投资领域的一个高回报退出的经典案例——积木旅行。

积木旅行（见图 9-3-3）是一个面向年轻旅行者的移动服务平台。团队成员主要是来自携程的老员工，包括前携程华南业务部总监、前携程深圳技术研发部门的高级管理者，还有百度的资深员工等。

2015 年，出境旅游服务平台积木旅行宣布从知名风险投资机构得到一轮融资。据了解，积木旅行此前在天使客（股权融资平台）上筹集了 41 位投资人，在一轮融资中，41 位股东撤回所有投资。根据专业人士的评估，41 位投资人在 8 个月内实现了高达 5 倍的投资回报率，成为众筹股权融资行业的第一批受益者。

去哪里HIGH？全世界就等在这里！
有积木，东南亚畅游无阻

图 9-3-3　积木旅行主页

投资的退出机制是天使客管理投资项目的第三个环节，资金退出的方法始终是围绕互联网股权融资最大的问题。因为互联网股权融资是一个新兴的行业，体制还不够健全，又因为投资主要针对初创企业的早期阶段，整个行业缺乏热情，底气不足。许多潜在投资人对互联网投资的风险性望而却步。积木旅行投资人的成功退出，证明了互联网股权融资的可行性，大大增加了互联网股权投资人的信心。

对此天使客的创始人石俊说："投资人开始将投资重点慢慢转向股票众筹，互联网股权众筹变得越来越流行。我们的平台有一个成功退出的项目，这说明通过适当管理风险和仅参与小额投资的赚钱方式是可行的。"事实上，互联网股权投资仍然很危险，有成功退出的，也有项目失败的，投资的风险还是很大。

天使客（见图 9-3-4）是由曾李青（腾讯创始人之一）和张颖（经纬中国创始人之一）共同投资的，聚集了约 25000 名高资产净值投资人，包括很多著名的中小企业老板、BAT 的资深员工和很多有投资能力的个人天使投资人。作为一种新型的互联网金融平台，天使客可以帮助企业解决问题，协调金融，提供品牌服务，涵盖数百万至数千万元的项目融资，总资金达 3 亿元。

据天使客的工作人员透露：当项目方披露退出信息时，大部分股东同意退出。每个人都不再奢求 10 倍的回报，

图 9-3-4　天使客股权众筹平台

只是关心何时可以获得这笔钱。退出过程进行得十分顺利，半个月内，投资收益已经到账。

积木旅行的主要股东之一林先生表示，之前投资了很多项目，但是都不幸失败了，这次积木旅行获得的收益，填补了在股权众筹领域的投资成本。他非常渴望该项目结束，并对于 5 倍的回报率非常满意。林先生对股票众筹有了新的认识，股权投资的风险非常高，不要贪多，见好就收。

第一批成功退出的受益人出现在股权众筹领域，积木旅行投资的成功退出是发展互联网股权融资的里程碑。由于一级市场流动性有限，股权众筹主要是早期项目，项目死亡率高，风险高，评估难度大，退出周期长。积木旅行是一个难得的成功案例，值得创业者们仔细研究，并在商业计划书的退出机制中加以借鉴。

第 10 章

商业计划书的
展现细节完善

——

初创公司的商业计划书是一个全面的项目计划，应该清楚地显示商业模式对投资者的投资价值，要力求真实、值得信赖，以便得到投资人的认可。一份优秀的商业计划书的展现一定要细节完善：巧妙布局，让投资人在商业计划书中一眼就可以看到最关心的；多用图表，注重商业计划书视觉的直观设计；巧用数据，增加商业计划书的可信度，打动投资人。

一、巧妙布局：让投资人一眼看到最关心的

文章的巧妙布局可以获得高分，家具的巧妙布局可以节省空间，对商业计划书进行巧妙的布局同样可以达到增光添彩的效果。商业计划书要怎样布局才算巧妙呢？创业者在布局时可以从两点入手，一是越重要的内容越要放到前面；二是制作两版商业计划书，一份 Word 版用于投资人仔细阅读，一份 PPT 版本用于演示。

（一）越是重要的内容越放到前面

商业计划书要巧妙布局，越重要的内容越要放到前面。

商业计划书的格式是固定的，一般来说包括市场分析、公司介绍、产品服务、市场营销、团队介绍、财务计划、融资需求、风险说明和退出机制等内容。只有内容详细、数据丰富、完整、系统的商业计划书才能吸引投资人。投资人则通过商业计划书中的业务逻辑、市场前景、业务模式、收入预测和团队能力来预估自己的投资回报。

为了制定一份优秀的商业计划书，创业者有必要了解投资人的专业习惯。很多投资人的工作日常可以用一个词来描述——忙碌。许多专业投资机构的投资人每天都需要阅读很多项目，不是在讨论和审查项目，就是在实地考察项目的路上。这种超负荷的繁忙使投资人平均到一份商业计划书上的时间只有短短几分钟。投资人在阅读成千上万字和数十页文的商业计划书时会有何感受？所以创业者必须摒弃商业计划书越厚越好的错误观念。有的创业者认为，随着商业计划书变得越来越厚，项目会显得更加丰富，说明企业的准备工作充分。事实上，投资人欣赏的是一份重点突出、表述清晰的商业计划书。

商业计划书中最前面的是计划摘要，它是浓缩的精华，囊括了商业计划书的重要部分。计划摘要涵盖了商业计划书的要点，以便投资人可以在

最短的时间内一目了然地看到最关心的内容。

商业计划书的计划摘要包括以下内容（见图 10-1-1）：

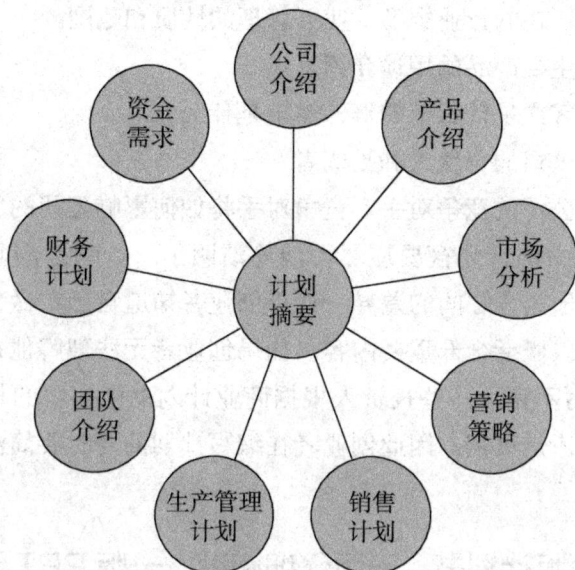

图 10-1-1　计划摘要

为了突出重要内容，计划摘要的撰写可以遵循以下原则：

1. 实事求是，业务介绍放在前面

在介绍公司时，创业者必须首先描述新业务的开始、新想法的形成、公司目标和发展战略。其次，说明公司的现状、过去的背景和公司业务的范围。创业者必须客观地解释公司的历史状况，不能隐瞒错误。实事求是的分析往往会获得投资人的信任，得到投资人的认同。最后，创业者必须介绍投资风险，创业者自己的背景、经验、专业知识。创业者的素质往往在公司业绩中发挥着重要作用，应重点强调自己的优势，并尝试表达企业家精神，给投资人留下良好的印象。

2. 核心竞争力放在前面

创业者应先找到项目中最具吸引力的点，这就是商业计划书的核心竞争力，应保证投资人一眼就可以看到它，写进摘要是最好的办法。如果初创团队里有一些行业内的知名人士，商业计划书中就应该把团队介绍放在前面。对于具有绝对技术优势的项目，开门见山地描述技能和实验数据是突出重要内容的好办法。

除此之外，在计划摘要中，创业者还要优先回答以下问题：

（1）公司所在的行业类型、业务管理的性质和范围。

（2）公司主要产品的用途介绍。

（3）公司客户是什么消费群，需求是什么？

（4）谁是公司的合伙人和投资者？

（5）谁是公司的竞争对手？竞争对手将如何影响公司的发展？

商业计划书的计划摘要应尽可能简洁明了。特别是创业者需要优先解释公司与其他企业之间的差异。如果创业者知道自己在做什么，摘要只要两页纸就足以概括全部重要内容。如果创业者无法理解他在做什么，摘要 20 多页也写不完。一些投资人根据商业计划书中摘要的长短就可以判断项目是金子还是黄铜。因此创业者在编写计划摘要时要简洁明了、重点突出。

（二）两版计划书，一版仔细阅读，一版 PPT 演示

许多创业者撰写商业计划书时，常常会想不明白一个问题，是应该编制一个 Word 版本，还是制作一个 PPT 版本呢？实际上，由于接触对象和阶段的不同，商业计划书的形式也有所不同，创业者需要准备两个版本的商业计划书，一版 Word 用于投资人仔细阅读，一版 PPT 用于路演时的演示。

1. 商业计划书的 PPT 版本

PPT 版本的商业计划书通常由创业者简单的故事讲述开始，分析市场背景，分析消费者的痛点，然后提出解决方案。接下来，介绍初创企业的商业模式、市场发展计划和想法、管理团队、具体执行计划，预期财务分析、风险分析、融资计划等。

PPT 版本，一般会在路演的阶段使用（见图 10-1-2）。因为其特殊的展现方式，很适合用于多人数的会议展示。前文中已经有一小节专门讲述了商业计划书的 PPT 制作。这里再强调一遍，PPT 内容最好不要超过 20 页。每一页的图片和文字都要足够清晰，重点明确，细节不要求完整，因为在屏幕上的投影会在一定程度上使 PPT 变模糊，为了方便观众观看，

PPT 上的图像和文字都会设计得比较大，细节太多会使 PPT 变得密密麻麻，影响观看体验，所以细节的内容需要演讲者进行扩展和补充。正因为此，PPT 对演讲者的能力要求很高。演讲者必须了解该项目并了解业务计划的各个方面，只有这样，才能扩展 PPT 上的每一个点并进行相应的详细讨论。

图 10-1-2　阿里巴巴路演

　　商业计划书的 PPT 的排版要足够简洁。能用图片表示的尽量用图片表示，不能用图片表示的用表格表示，表格也表现不了的用少量的文字解释。投资人时间有限，包含少量解释性文本的图像和图表使投资人可以轻松快速地了解项目，数据最好用柱形图和扇形图表示，便于投资人一眼就可以看清比例份额。即使创业者最后没有拿到融资，这样的商业计划书也不会浪费别人的时间，至少创业者可以给投资人留下一个好印象。

　　商业计划书的 PPT 版本通常用于与潜在投资人进行早期沟通，或者用于政府报告、业绩报告、合作伙伴报告、小组报告等场所。在 PPT 的实际应用中，邮箱转发、朋友转发和多人会议的路演活动是最为常见的应用形式。

　　使用 PPT 的一个显著优点是它可以用于演示，并且便于多个人直接在幻灯片前讨论交流；Word 版本往往是打印多个文件，人手一份，每个人都低头阅读。方便交流的 PPT 在这方面具有 Word 无法比拟的优势。PPT 版的商业计划书的劣势是内容写多一些比较容易，简短又充实反而更难。在谈论自己的项目时，创业者总有说不完的话。如何做好 PPT 的演讲，创业者需要从反复的路演锻炼和与投资人的沟通中学习。

2. 商业计划书的 Word 版本

商业计划书的 Word 版本就是企业项目的完整规划和详细介绍。创业者在 Word 版本上容易犯的错误一是写得太多，二是写得太少。

很多创业者为了表达所有细节，将商业计划书扩展到了 30 多页，这种厚度往往令投资人望而生畏，所以写得太多是不行的。

我们经常看到与投资人相关的报告，说他们实际上希望看到的是只有一页的商业计划。这完全是从投资人的角度出发，投资人希望在最短的时间内判断出这是不是一个值得沟通和跟踪的项目。

因此，投资人的标准完全基于自己要节省时间的观点。事实上，完整的商业计划书对创业者的风险融资非常重要，商业计划书不仅用于投资人的投资审核，对创业者自己也很重要。企业的经验计划通常更详细，包含更多的实施细节，一页纸的商业计划书难以表达充分，所以写得太少也是不行的。

对于商业计划书的两个版本，创业者可以这样理解：投资者要看的商业计划必须先是 PPT 版本或者一个简洁版本，最后觉得融资可能性很大，再提交 Word 版本的完整商业计划书。但是创业者在制作商业计划书时顺序则要反过来，先要有一个完整的 Word 版本的商业计划书，再从中提炼出一个 PPT 的演示版本。

二、多用图表，注重视觉直观设计

无论是商业计划书的 PPT 版本还是 Word 版本，在表现形式上都要多用图表，注重视觉的直观设计。相对于文字来说，图表更加直观形象、准确明了，图形最能展现逻辑与凸显重点。图表的表现手法虽然多种多样，但是在商业计划书的信息阐述上要坚持可读性和条理性相统一的原则，不同类型的图表各有侧重点，要交叉应用。

（一）图形最能展现逻辑并凸显重点

与长篇累牍的文字叙述相比，图形最能展现逻辑与凸显重点。

在商业计划书中图形的作用主要表现在两个方面，一是辅助作用，辅助商业计划书中的其他信息达到排版上的美化效果，突出商业计划书的重点；二是演示作用，图形作为商业计划书的演示主体，展示数据信息和创业者的逻辑思维。

首先向创业者介绍图形在商业计划书中的辅助作用，图形在协助其他信息进行排版美化时，有以下两个作用：

1. 平衡规整画面的作用

如图 10-2-1 所示的商业计划书 PPT 排版，如果删除此案例右侧的图形，则其余内容显得整页 PPT 都不平衡。即使把它放在中间，由于内容太小，看起来图像很平衡，但是 PPT 却由于留白太多，显得过于空洞。这种情况下加入图形可以起到平衡整个画面的作用。创业者在做商业计划书的 PPT 时，如果出现少量内容和布局缺陷，可以添加与表意匹配的图形达到平衡画面的效果。值得注意的是，在使用图形规整画面时，先确定要表达的主体样式，再根据主体的样式选择相应的辅助形状。

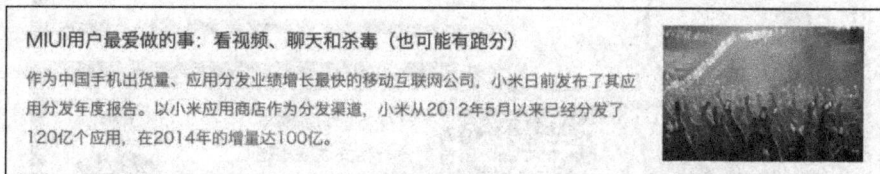

MIUI用户最爱做的事：看视频、聊天和杀毒（也可能有跑分）

作为中国手机出货量、应用分发业绩增长最快的移动互联网公司，小米日前发布了其应用分发年度报告。以小米应用商店作为分发渠道，小米从2012年5月以来已经分发了120亿个应用，在2014年的增量达100亿。

图 10-2-1　图形的平衡规整作用示例

2. 凸显重点的作用

在图 10-2-2 所示的商业计划书的团队介绍中，文字简介才是创业者要重点突出的内容，通过人物图片来凸显这些本来不是很显眼的内容，以达到商业计划书想要重点展示的效果。

关于团队

技术、产品、营销、财务

MIKE TORONTO

Lorem ipsum dolor sit amet
consectetur adipiscing elit
Praesent sodales odio sit
amet odio tristique quis
tempus odio Lorem ipsum
dolor sit amet

JHONNY DUCK

Lorem ipsum dolor sit amet
consectetur adipiscing elit
Praesent sodales odio sit
amet odio tristique quis
tempus odio Lorem ipsum
dolor sit amet

ANGEL MONICA

Lorem ipsum dolor sit amet
consectetur adipiscing elit
Praesent sodales odio sit
amet odio tristique quis
tempus odio Lorem ipsum
dolor sit amet

DUNNY DUFF

Lorem ipsum dolor sit amet
consectetur adipiscing elit
Praesent sodales odio sit
amet odio tristique quis
tempus odio Lorem ipsum
dolor sit amet

图 10-2-2 凸显重点作用示例

接下来谈一谈演示类图片的作用。在这种情况下，图形是商业计划书的演示主体，图形结构向投资人传达逻辑情况，辅助的文字展示信息。商业计划书图形的常见逻辑有：

（1）并列：在商业计划书中列举同一类型的事物或信息（见图 10-2-3）。

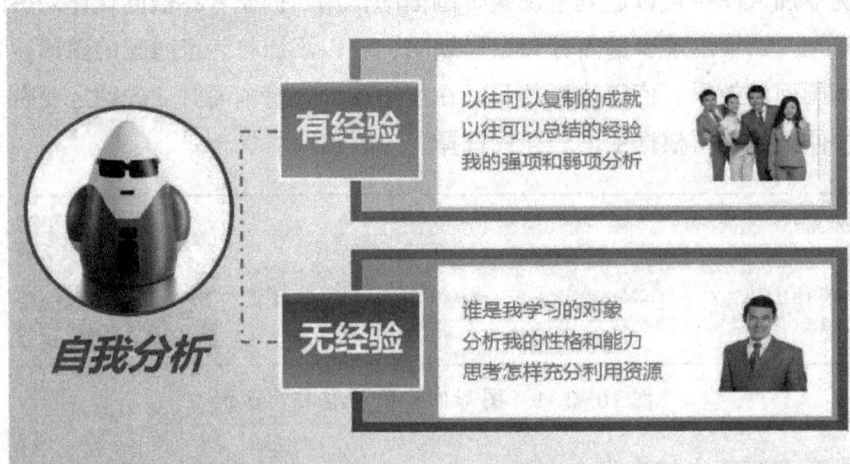

图 10-2-3 并列关系图形示例

（2）递进：在商业计划书中用于说明项目进展的顺序或企业发展的时间关系（见图 10-2-4）。

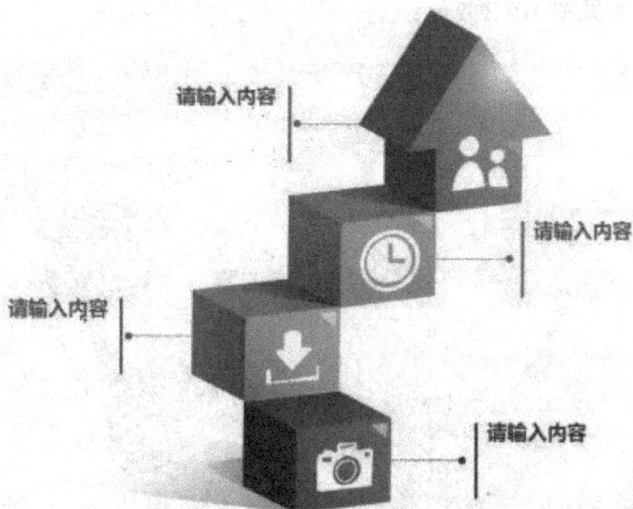

图 10-2-4　递进关系图形示例

（3）扩散包含：商业计划书中的扩散包含是用图形分析产品或服务的组成部分（见图 10-2-5）。

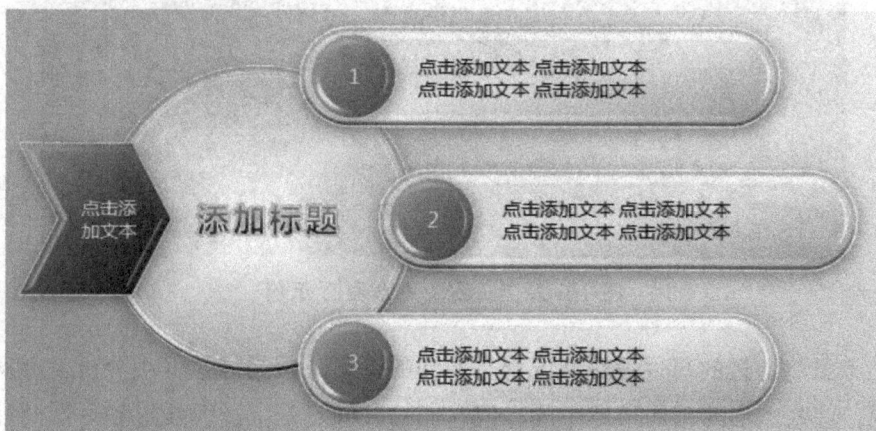

图 10-2-5　扩散包含关系图形示例

（4）循环：循环图形可以在商业计划书中用于指明产品的闭环流程（见图 10-2-6）。

（5）层级：层级的逻辑在商业计划书中用于对存在差异的同类产品进

行比较分析（见图 10-2-7）。

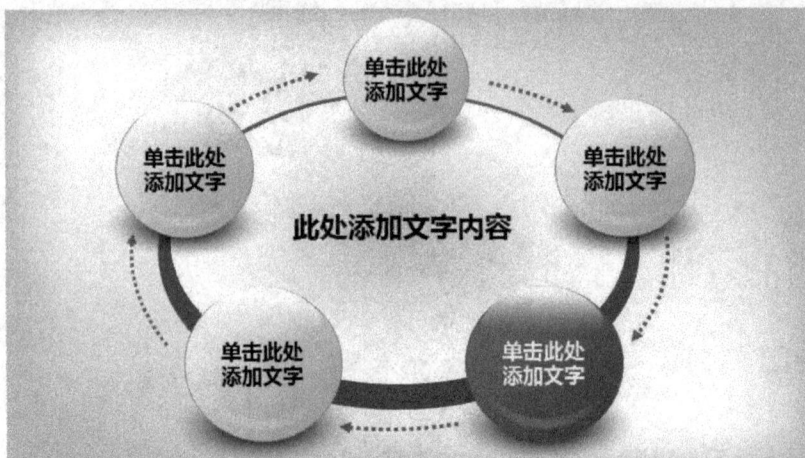

图 10-2-6　循环关系图形示例

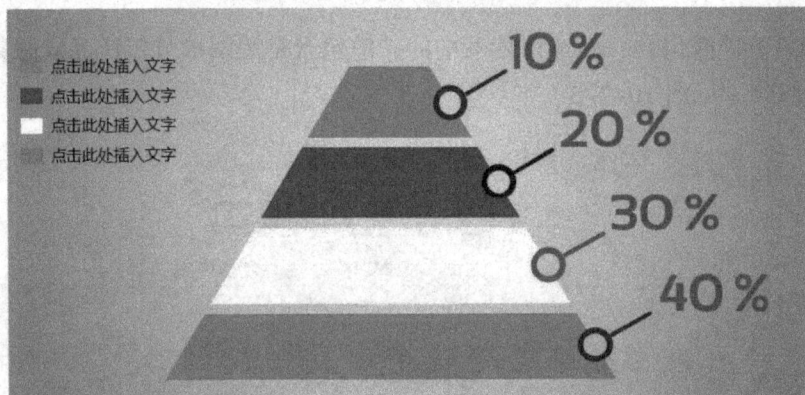

图 10-2-7　层级关系图形示例

　　虽然上述的每种逻辑情况都有不同的图形，但是经过仔细分析就会发现，这些图形的布局虽然不同，但它们的共同点是都遵循线形和环形两种规则。创业者在撰写商业计划书时要善于利用图形展现自己的逻辑，突出想要表达的重点。

（二）不同类型图表的侧重点与交叉应用

　　不同类型的图表侧重点也各有不同，Excel 中有 14 个基本图表。每个图表下包含几种子图类型，此外还有 20 种自定义图表。每种图表类型都有自己的特点。以下是几种常用图表类型的简要介绍：

（1）柱形图（见图 10-2-8）：Excel 的默认图表类型就是柱形图，不同的数据值用高低不同的长条显示。柱形图用于表示特定时间段内的数据波动或数据之间的比较。在商业计划书的柱形图中，横轴是项目分类，纵轴是项目的数值。

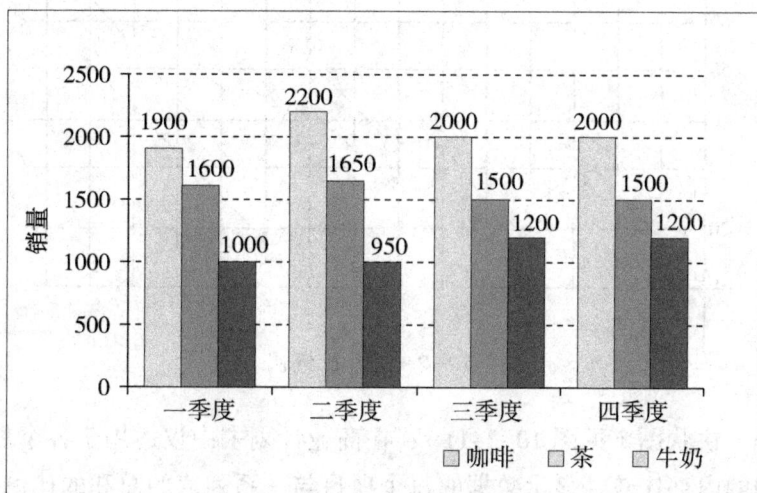

图 10-2-8　柱形图

（2）条形图（见图 10-2-9）：与柱形图一样，条形图突出显示产品

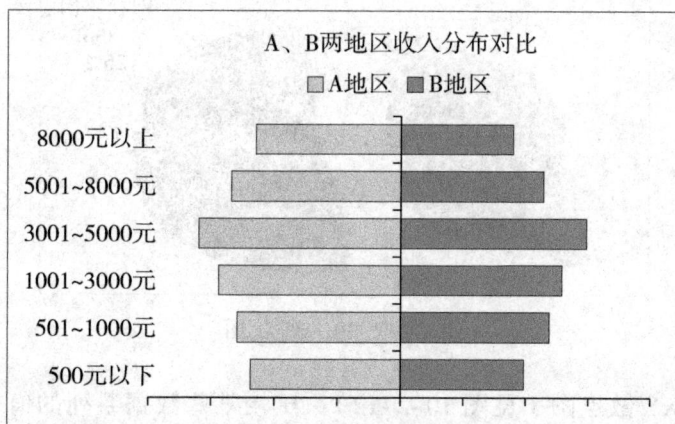

图 10-2-9　条形图

数据之间的差异。在条形图中纵轴是项目分类，横轴是数字，这样可以直观显示数值之间的不同，方便比较。

（3）折线图（见图 10-2-10）：同一系列的数据由图中的点表示，并用直线连接，折线图在商业计划书中用于显示一定时期内的数据变化和变化趋势。

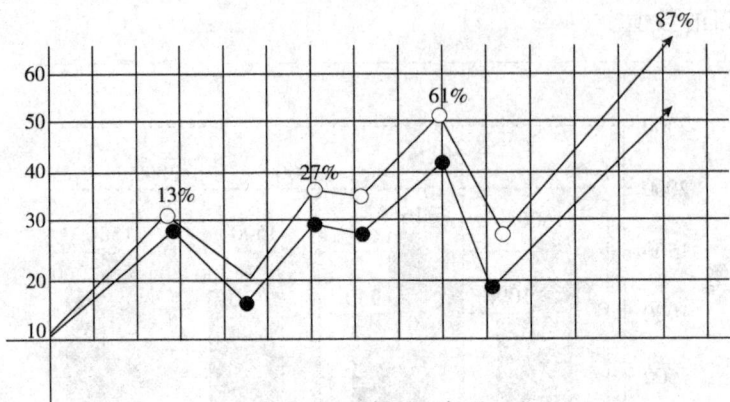

图 10-2-10　折线图

（4）饼状图（见图 10-2-11）：在商业计划书中仅适用于各个数据系列之间的内部比较，显示数据的每个项目与一系列值的总和的比例关系。饼状图在商业计划书中非常常见。

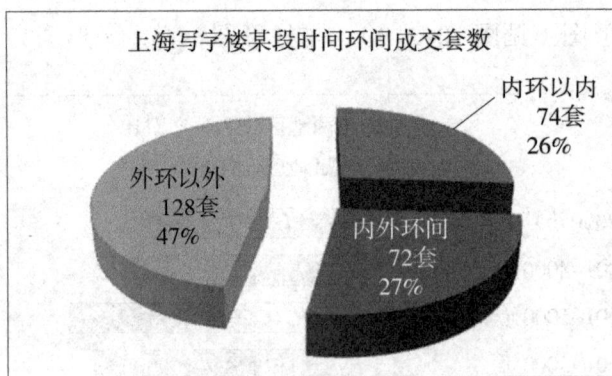

图 10-2-11　饼状图

（5）XY 散点图（见图 10-2-12）：比较某些数据系列的值，也可以将两组值显示在 XY 坐标系的一个系列里。以不同的间隔显示数据的大小，也称为簇。它主要用于科学数据分析，在商业计划书中并不常见，通常非常专业化的东西才用 XY 散点图来表示。

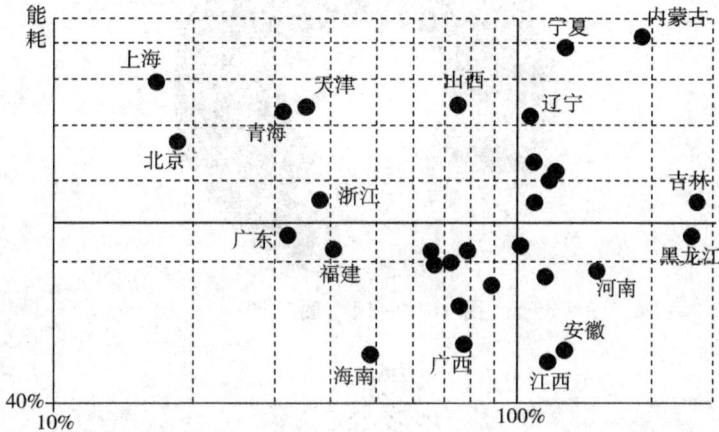

图 10-2-12　XY 散点图

（6）面积图（见图 10-2-13）：使用直线段连接每个数据，并用不同的颜色填充线段下面的区域。商业计划书中使用面积图强调幅度随时间的变化趋势，通过绘制数据的总和来显示部分与整体之间的关系。

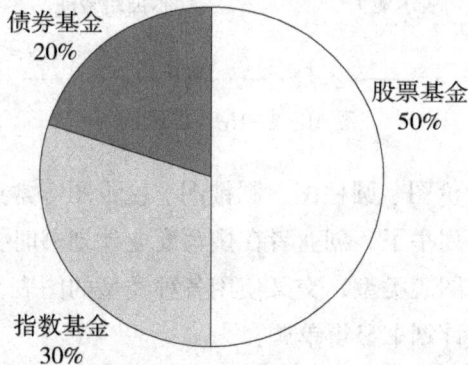

图 10-2-13　面积图

（7）圆环图（见图 10-2-14）：显示部分和整体之间的关系，圆环图可以包括多个数据系列，用环来代表不同的数据系列。

（8）雷达图（见图 10-2-15）：雷达图的每个分类都有自己的数值坐标轴，从中点向外围辐射，同一系列的数值由折线连接。

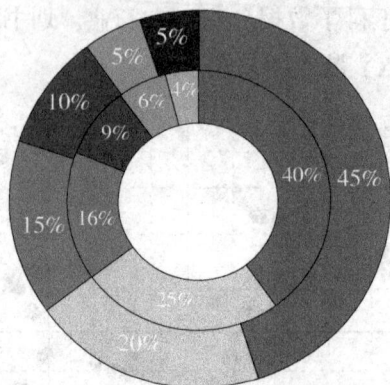

图 10-2-14　圆环图

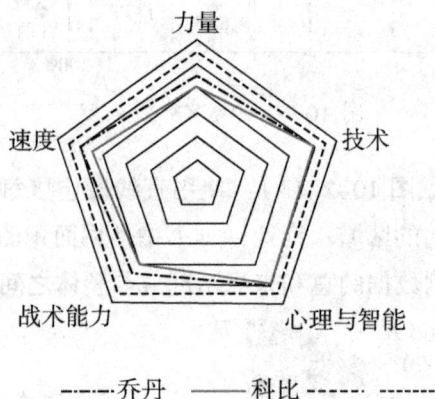

图 10-2-15　雷达图

此外，还有股价图、圆柱图、圆锥图、棱锥图等常见的处理数据的图形，这里就不一一列举了，创业者在撰写商业计划书时要根据数据的表达重点选择最适合的图表类型，交叉使用各种类型的图表，既有利于数据表达，又不会使商业计划书显得单调。

三、巧用数据打动投资人

好的创业故事可以吸引投资人的注意力，巧用数据更能打动投资人的心。如何才能利用数据打动投资人呢？这一小节将与创业者分享两个在商业计划书中使用数据的小技巧，一是关键点都要搭配权威数据；二是要选择最具煽动性的数据表达方式。学会了这两招，商业计划书的通过率将大大提高。

（一）关键点都要搭配权威数据

创业者在撰写商业计划书的项目描述时，数据是支持企业项目创意的立足点。尤其是互联网行业，商业计划书要以简洁的方式介绍企业的创新和商业模式。项目的立足点（用户痛点）是什么及如何解决问题，产品的用户反馈如何？这是投资者审查项目的关键点。单纯的文字叙述很难让投资人看出项目的成功之处，但数据会让投资人信服。

聪明的创业者使用精益创业的概念，并通过平台流量和销售数据快速验证自己的想法。这可以通过最小的资本投入和团队努力来实现项目模式的验证。这些初始数据的存储比产品的完整版本以及文字的花样描述更有用。但是如果创业者的项目仍然在计划阶段，缺乏数据的支撑，在无法快速商业化的项目，如医疗硬件技术产品等方面，要尽可能利用权威数据为商业计划书做支撑。创业者要通过何种途径获取权威数据呢？

1. 历史数据

创业者的商业计划书如果需要体现某个地区的人口数量、经济指数等指标，不要图省事而从去年或今年的互联网报道中复制粘贴，这种数据大多并不可靠，可以去当地的图书馆或者地方政府图书馆，阅读历年的政府工作报告或年鉴，这种途径得来的历史数据更有说服力。

2. 行业报告中的数据

大多数的传统行业都建立了行业协会和行业论坛，创业者如果需要这部分数据，可以通过这些部门的在线网站获得相关的行业数据（有些行业报告需要花钱购买）。

此外，许多行业每年都会出版一些杂志和书籍。年终版本通常会包括行业报告的内容，创业者也可以通过购买相关的书籍和杂志来获取权威数据。

3. 引用论文网站的数据

事实上，很多行业的创业者所需的大量数据在论文网站的论文中就可以找到。创业者可以通过选择近期的论文来获取需要的数据资料。大多数论文网站阅读论文也会收费，但是费用不会很高。

4. 大数据网站及舆情网站

互联网上有众多的大数据情报机构，创业者可通过关键词搜索"大数据导航"，查找导航页面获取必要信息。所有主要的互联网平台和传统媒体网站，都会进行民意调查，反映社会舆情，如阿里巴巴的"大鱼数据中心"、人民网"舆情频道"以及百度的"百度舆情"等都有详细的统计数据。

5. 向咨询公司购买数据

商业咨询公司和专业的信息情报机构通常会出售行业信息数据和行业报告。此外，许多公司进行单独的市场研究也会生成更为详细的数据。但是，利用这种途径直接购买商业数据的成本非常高，不推荐初创企业和中小企业使用。

6. 自行采集基础数据

如果创业者想要自行采集基础数据进行分析，需要了解"爬虫"工具的使用，以及分析数据的一些方法。这些方法耗时又烦琐，建议初创企业使用前四种方法获取权威数据。

创业者在撰写商业计划书时，需要对项目的相关市场进行彻底的调查分析，为商业计划的每个关键点提供权威的数据支撑，并指出所有引用的权威数据的来源。即使不标注在商业计划书上也应该牢记在脑子里，万一投资人问起来源，可以从容应对。

（二）选择最具煽动性的数据表达方式

为了使数据的影响力发挥到最大化，创业者在商业计划书中要选择最具煽动性的数据表达方式。所谓煽动，不是鼓励投资人去做坏事，而是在商业计划书中用良好的数据思维和科学的数据分析技巧，得出具有可信度的商业数据，吸引投资人拿出钱来。

1.数据思维

创业者的数据思维很重要，在进行项目的核心数据分析时可以采取以下两种分析思维：

（1）结构化。创业者在分析数据时可以利用金字塔思维，将数据分类到各个方向进行分析，然后继续划分和细化类型，从各个方向全方位思考问题。一般而言，先写出能想到的全部分析结果，再总结到金字塔模型中。例如：

目前某企业正在销售的一种产品，8 月的销售额较上年下降 20%。企业家需要首先观察时间趋势的销售额波动，看一看这种下降是突然性的急速下降还是缓慢下降的，再根据不同地区的数据考虑是否存在区域因素的影响。其次还可以问一些销售人员当前的市场环境是什么样的，业绩下降是不是因为竞争对手的突然发力，也可以采访客户，了解客户心理。这种思维方式可以用图 10-3-1 来概括。

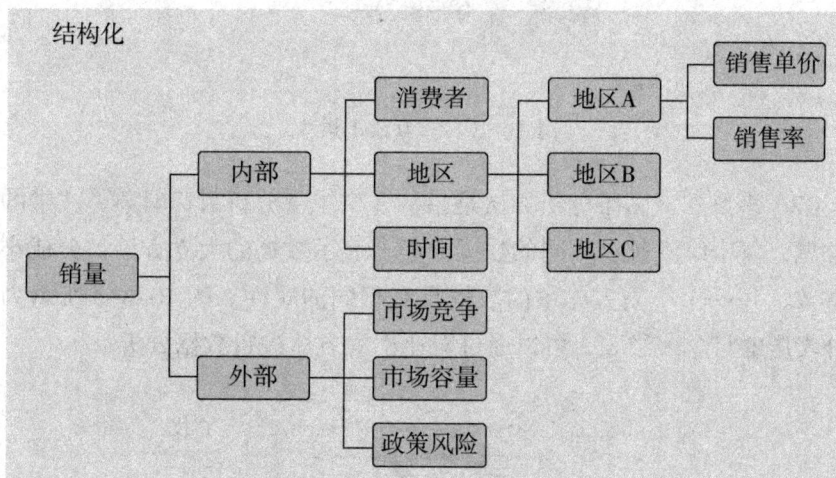

图 10-3-1 结构化思维导图

（2）公式化。基于结构化的分析结果，这些结论之间通常具有数量关系，可以执行 +、-、×、÷ 的计算，并且可以量化这些分析结果，验证自己假设的结论。

2.数据分析技巧

有了好的数据分析思维，还需要应用好的数据分析技巧，以下 7 种数据分析技巧可以让商业计划书的数据表达更具煽动性。

（1）象限法。象限法是一种战略驱动理念，通过划分两个不同维度，使用坐标系来表示产品的某些价值，根据价值来制订产品策略。这种数据分析方法广泛用于战略分析、客户管理、用户管理、产品分析、市场分析等。以图 10-3-2 中衡量客户创利能力的 RFM 模型为例，它把用户的一次消费、消费金额和消费频率分成了 8 个象限进行数据分析。

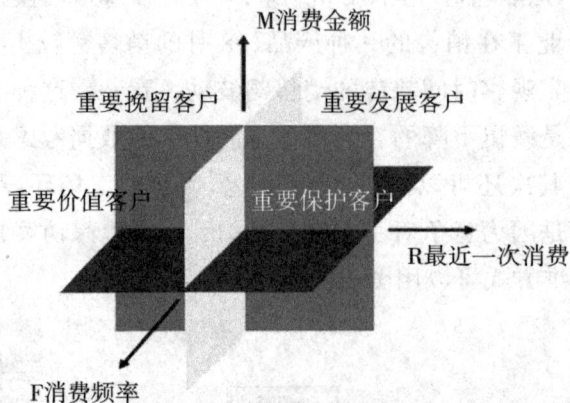

图 10-3-2　RFM 模型

（2）多维法。多维分析方法是指从多个维度分析目标对象。三维的比较常见，每个维度都有不同的数据分类，表示数据的大立方体被分成小的立方体，每一个小立方体中的数据具有相同的属性。图 10-3-3 所示为一家外卖店的订单多维表，可以通过对比小立方体进行数据分析。

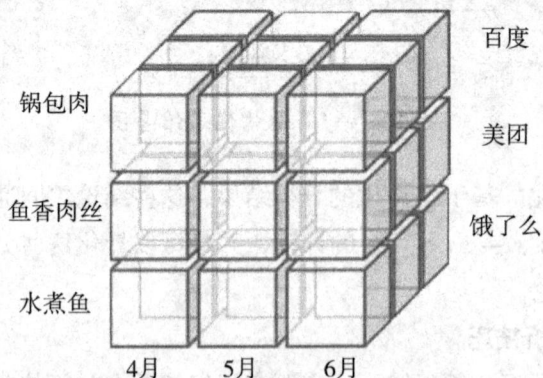

图 10-3-3　多维表示例

（3）假设法。在某些情况下，创业者可能需要在商业计划书中假设一些数据，如进入新市场的销售数量、产品价格上涨后的销售变化等。初创企业缺乏详细的分析数据，需要使用假设的数据进行分析。先假设一个变量或比率是成立的，基于假设出来的部分数据反向计算。假设法需要创业者的启发性思维。

如，创业者从事电商销售行业，想提高产品的价格，先要分析一下提价后的销售变化。首先，可以确定的是提价后销量必然会下降，那么销售额会减少多少呢？创业者有必要假设一个产品销售和价格上涨后的汇率变化，并根据过去的数据收集分析销售量的变化，具体思考过程如图 10-3-4 所示。

- 假设商品提价后，销量一定会下跌，问题是销量下跌多少？

- 首先假设流量不会有变化，流量和渠道营销正相关，商品价格影响转化率，那么现在确定转化率的波动。

- 找出平时的转化率（譬如为20%），预估提价后的转化率变化。假设各类型用户对价格敏感度不同，那么将用户划分忠诚XX、普通XX、羊毛XX……

- 不同用户层次数量不同，反应不同。忠诚用户转化率变化极低，羊毛几乎不会转化……这些数据可以凭借经验做出假设，最后汇总。

图 10-3-4　假设法示例

（4）指数法。指数法是根据特定计算过程将数据的不同指标转换为相度量的值，即指数值。例如，在电子竞技游戏中，综合击杀数、死亡数、助攻数、输出占比、经济占比和参团占比来确定本局游戏表现最好的 MVP。常用的指数法是线性加权、反比（反比例函数 $y=k/x$）和 log（对数）。指数法根据经验来做没有统一的标准，将不可用的数据处理为可用数据。

（5）二八法。二八法也称为帕累托法则或二八定律。这个经济学上著名的二八定律，即"世界上 20% 的人掌握 80% 的财富"。在数据分析中，要将 20% 的数据分析出 80% 的效果，二八法使用的数据通常与行业排名相关，前 20% 被视为有效数据。创业者可以将二八法简单理解为抓重点分析法，适用于任何行业的创业者分析行业数据。通过二八法找到有效数据，找出特征，然后引导初创企业向这些特征贴近。

（6）对比法。对比法适用于两个或更多的数据集。一般来说，是在时间维度与竞争对手比较环比增长率、销售量等，据此找到数据变化的规律。这种方法很常见，可以经常使用，并且可与上文中的分析技巧结合使用。

（7）漏斗法。漏斗法表现为倒金字塔状的漏斗图，是一种流程化的数据分析方式。创业者可以利用漏斗法分析新产品的用户开发、购物转化率等。

激情型投资人越来越少了，或许在 10 年前投资人会被好的创意和创业者的激情演讲所煽动，但现在投资人越来越专业了。他们的警惕性不断增加，对企业的要求也越来越高，初创公司需要做更专业、更充足的准备。根据主观妄想所写的商业计划书，投资人可能连展示的机会都不会提供。创业者有必要从投资人的角度制订商业计划，立足于数据，用真实可信的数字业绩打动投资人。总之，让投资者快速了解项目，并做出专业判断是商业计划书的最终目标。

第 11 章

初创公司商业计划书附录与实战案例

创业离不开资金支持，想要企业得到快速成长，资金流运转必须保持稳定状态。对于初创公司来说，寻找投资人融资是最合适的选择，能敲开投资人办公室房门的则是商业计划书。

本书的最后一个章节用来介绍商业计划书的附录部分与实战案例，以及商业计划书发送、路演时需要注意的事项。不同的投资人看待商业计划书的观点都不一样，本书的重点在于帮助初创企业的创业者理解商业计划书的撰写精髓而不是形式，每一份商业计划书都是独特的，希望创业者在读完这本书时能有所收获，做出一份独属于自己企业的优秀商业计划书。如果还是觉得自己写不好，建议选择一个专业的团队帮助制作商业计划书。

一、商业计划书附录的力量

商业计划书的最后一部分内容是附录，虽然放在最后，但附录仍然是商业计划书的重要组成部分，是计划书主体部分的补充说明。受到商业计划书的篇幅限制，有一些内容不适合在正文中描述太细。为了使投资人能够了解详尽的细节，创业者需要提供在正文中来不及解释的内容和参考资料，放在最后的附录章节，以便投资人对初创企业的方方面面都有了解。这一节主要讲述商业计划书附录的作用和重点展示的八点内容。

（一）商业计划书附录的作用

在谈论附件在商业计划中的作用前，我们首先需要了解什么是附录。附录旨在完整地介绍创业者的商业计划，附录的内容包括比计划书主体更加详尽的数据资料、市场调研报告等内容，是附在正文之后的参考资料。这些细节性的内容编入正文会影响商业计划书的逻辑，所以放在最后加以补充。

广义上的附录是说明书或论文等文件的补充部分，不是必须出现的，有也可以，没有也不算毛病。但是商业计划书的附录则是必不可少的重要部分。

1. 商业计划书的附录内容

（1）有些资料有助于商业计划书的完整，但放于正文又会影响叙述条理可放于附录中。这类资料包括比主体更加详细的信息研究方法和技术的途径阐述，对于了解主体内容有重要的说明作用。

（2）字数过多或直接引用的他人数据不适合放在商业计划书的正文里，但是可以放在附录里。

（3）需要补充的重要原始数据、数学推导过程、计算程序、数据统计图、打印机输出样本、逻辑结构图以及备注等内容。

2. 格式

（1）商业计划书的附录有编号，依次是"附录 A""附录 B""附录 C"等。即使只有一个附录，也必须将附录用"附录 A"的形式表示。

（2）商业计划书附录中的图片、表格和公式也需要命名。命名方法为：如果是附录第一章第一节的第三个图就命名为"图 1-1-3"，表格和公式的命名原则与图形一样。

3. 附录的种类

（1）规范性附录：正文的增加或补充条款被添加到附录中。在商业计划书的正文中提及时会标注"见附录 A"或者"遵循附录 B 的规定"。附录中的规定性条例与商业计划书的正文规定一样有效，包括商业计划书的投资回报、股权分配等，让投资人意识到创业者做好了充足的准备。

（2）资料性附录：提供附加信息是为了帮助投资人更好理解正文内容。在正文中提到的表达通常是"参见附录 A"。商业计划书的资料性附录包括财务报表、企业的信用报告、公司营业执照或经营许可证、相关的法律文件和合同（以证明企业是正规的，投资人与企业的商业合作受法律保护），以及核心团队成员的个人简历资料。

以下文某国有金属企业的商业计划书附录为例（见图 11-1-1）：

《中国 XXX 企业商业计划书》附录

一、2015—2018 年全国金属统计数据

（一）全国金属生产总量

（二）全国金属工业总产量

（三）国家金属工业利税指标

（四）国家金属固定资产投资

  1. 黑色金属

  2. 有色金属

（五）全国金属进出口贸易总额

二、全国金属公司 2015—2018 年的概况总结
（一）全国金属工业企业数量
  1.黑色金属
  2.有色金属
（二）国家金属工业从业人员
（三）全国金属行业职工人均工资
（四）全国金属工业企业平均生产能力
  1.黑色金属
  2.有色金属
（五）全国金属工业企业人均劳动生产率
  1.黑色金属
  2.有色金属

图 11-1-1 附录示例

这种附录就是典型的资料型附录，这一部分内容不应放在商业计划书的正文部分中，因为商业计划书作为与投资人的沟通工具，很多人都会看到，但对于一些没有人愿意看的细节数据，最好放在最后，这样既不浪费投资人的时间，又可以保证有投资意向的投资人可以看到。

商业计划书的作用是为投资人提供更进一步的解释、说明和资料的汇总。为了充分体现这种作用，附录部分的撰写要遵循以下原则：

（1）商业计划书的正文主体必须与附录区分开来，附录的内容很多时候应该按功能分类，保证计划书的条理清晰。

（2）附录为商业计划书提供必备的补充资料，虽然是细节性的内容，也要有所选择，无须把所有东西都放入附录，只放那些能真正增加正文说服力的内容即可。

（3）附录的内容也要尽可能简短，避免长篇大论浪费投资人的时间和精力。

（二）附录应重点展示的 8 点内容

商业计划书对于企业融资的重要性已经不用再强调了，投资者会把商业计划书当作是否对公司进行投资的判断依据，一份好的商业计划书可以

为企业增色不少。为了让投资人更加了解公司，并把资金投入到初创的公司，在附录中应该重点展示以下 8 点内容：

（1）企业获奖证明、高新技术企业认证证明、高新技术资料或者专利证书的复印件。

随着时代的发展，企业的创新能力越来越受到投资人的重视。高新技术企业认证是国家指导企业自主创新的政策，是为了激发自主创新积极性、完善企业的科技创新能力。如果初创企业有关于企业创新的证明，一定要在附录中体现出来，因为投资人更欣赏有创造力，有专利技术的企业，毕竟在快节奏的市场里，只有创新才能保持产品热度。

企业创新证明还可以提升企业的品牌形象，说明创业者和创业团队的创新意识、市场开发能力和管理水平都很强，表明初创企业是国家支持的高增长性公司，可能为投资人带来相对较高的经济效益。经过国家认证的高新技术企业还可以享受税收优惠政策，相比未经认证的企业，可以降低 10% 的税率，税额能减少 40%，这也大大降低了企业成本，提高了利润率。

企业创新证明还有利于提高企业的市场价值和企业资本价值，这证明公司在该领域具有较强的技术创新能力和高端技术开发能力，有助于企业开拓国内外市场，是投资人考量的重要因素。高科技是吸引政府优惠和行业协会支持的重要条件，对于吸引风险投资机构和金融机构也有先天性的优势，可促进企业快速拿到融资，加快发展进程。

（2）企业的行业资质证明。企业的行业资质证明是行业中企业运营所需的资格，说明企业已经达到了国家的质量等级标准。公司资质包括人才质量、技术和管理水平、基础的工程设备、一定的注册资金、营业效益和产品绩效，证明了企业有履行融资合同的基本能力。

（3）企业核心产品示意图及说明。产品是一个公司的核心竞争力，是公司研究开发能力的体现，因此，企业的核心产品示意图及说明尤为重要。通过企业的核心产品示意图及说明，方便投资人了解产品的特点和卖点、产品的需求对象、受众群体。附录中的这部分内容可以向投资人展示产品在市场上的独特价值，利于获得投资人的认可。

（4）企业知识产权证书、营业执照、许可证。营业执照是公司或组织的合法经营权证明。营业执照是国家工商业的管理机构颁发给工商企业或从事特定生产经营活动的个体经营者的证明材料。没有营业执照的公司和企业主不能开展业务，也不能加盖企业印章、签订合同、注册商标或宣传商标，甚至在银行也不能开立企业账户。营业执照是从事商业活动的通行证，这是在商业计划书的附录中必须体现的证明材料。

（5）企业市场估算和分析表。企业市场估算和分析表也是投资人想要在商业计划书中阅读的重要信息，内容过多，所以最好放在附录中。通过估算表投资人可以对企业、对项目有更清晰的认识。

企业市场估算和分析表也能够让投资者了解企业在行业中的竞争优势。投资人在判断一个行业、一个项目是否值得投资时，最看重和最关心的问题就是：企业的市场前景怎么样，市场需求大不大。因为市场前景十分广阔的企业，带来的利润也是相当可观的。以行业为研究对象，基于行业的现状对行业运行数据、竞争、供需、赢利能力、重点企业以及行业产业链进行分析，方便投资人预测行业的发展前景和企业的投资价值。

（6）企业生产场地示意图或厂区地图。这部分内容可以帮助投资人了解企业的空间分布情况，以及基础的设施建设。

（7）创业团队个人介绍。包括创始人和公司核心人物的简历。公司团队的核心人物对公司的情况有着深层的了解，同时创始人和团队核心人物在很大程度上决定了公司的文化、工作气氛和工作方式。包含创业者过去的学业、工作经历的简历，是一份使潜在投资人迅速了解一个人的书面材料。在融资时，计划书后附录上创始人简历和团队核心人物简历是让投资人迅速了解团队和创始人的便捷途径。

（8）企业前期实际经营的财务报表。商业计划书中的财务报表包括资产负债表、利润表和现金流表。为什么需要在附录中附上公司的财务报表呢？因为财务报表以清晰可观的数字表现了一个企业的经济活动、经营活动、投资活动和融资活动。

判断企业经营是否成功有一个最基本的标准，就是看创业之初的股东投入的本金有没有遭到损失。投资人需要知道本金现在占多少的股权比例、它们现在的价值如何、是不是还保持着原来的价值。这就需要一张能描述这些问题的财务报表——资产负债表。

为了让投资者得知投入的本金是否能够得到保障、投入的本金是否能够赚到钱，以及让投资者能够推测企业未来的赢利，可用财务报表当中的利润表来凸显。

让投资者能够了解企业现金的流向也就是企业资金收入和支出的情况，可用财务报表当中的现金流表来表示。

当然，在商业计划书中附录并不是内容越多越好，只有附录内容可以对正文的某些内容起必要的支撑、说明或帮助作用的时候，附录内容才是有效的，否则，附录内容太多反而会适得其反，投资者可能会认为创业者自信心不够才会无节制地提供附录中的内容。

二、商业计划书发送及演示注意事项

到上一小节的附录结束，整个商业计划书的编制工作就已经完成了，接下来创业者要做的就是把商业计划书发送给潜在的风险投资人。在这一环节创业者仍然要时刻保持小心谨慎，不能放松大意，不要让一份优秀的商业计划书因为发送和演示问题被投资人摒弃。发送商业计划书时要主题明确、称呼得当、格式正确。在路演时更是需要演讲者的自信心和良好的口才来感染投资人。

（一）发送商业计划书的注意事项

互联网时代每天要发送数百亿封电子邮件，其中一半是垃圾邮件。尊重商业交易中的人，最好的方法就是节省他的时间。用邮件发送商业计划书的一个重要方面就是节省投资人的时间，只给投资人发送必要的信息。下面具体阐述一下用邮件发送商业计划书的注意事项：

1. 邮件的标题和商业计划书的主题页

标题是接收者接受消息时第一眼看到的东西，因此，标题要提要钩玄，以便接收者能够快速理解消息内容并确定其重要性。

（1）不要不填写标题。不写标题显得既失礼又很不专业，并且电子邮件很容易被删除为垃圾邮件。邮件最好注明公司名称，便于投资人保存。

（2）邮件标题短小精悍。

（3）标题要准确反映内容，可以是项目名称＋领域＋模式，不要使用含义不清的标题。

（4）电子邮件要有针对性，"一封邮件只针对一个主题"。商业计划书的目的是让投资人了解项目，不要在邮件中夹杂无意义的寒暄。

2. 电子邮件的正文

（1）电子邮件的正文应简洁易懂。如果有许多具体内容，则只汇总商业计划书的摘要或简介，将商业计划书的正文作为附件进行详细说明。文字应流畅通顺，避免长句子和晦涩难懂的专业术语，不要出现模棱两可的句子。最好不要让投资人拉动滚动条来查看邮件。

（2）注意称呼和语气，如果知道对方的身份，最好在称呼上加上职位名称。语气要谦逊有礼，以免引起投资人反感。

（3）文本内容要条理清晰，可使用1、2、3、4之类的列表。为了排版清晰，易于理解，可分为几段进行阐述。段落不要超过6行，避免长篇大论。

（4）发送之前注意检查信息和附件是否完整，最好在一封电子邮件中包含所有相关信息。请勿在2分钟后重新发送"补充"或"修改"的内容，这会显得发件人粗心大意。

（5）邮件中避免拼写错误，发送前请使用拼写检查。这是对投资人的尊重，是创业者态度的体现。如果发送的是英文电子邮件，建议创业者请英文好的人帮忙翻译和检查，不要用翻译器翻译。中文电子邮件，请注意是否有同音错别字。在发送之前，请仔细检查文本是否流畅，改正拼写错误。

（6）突出重点信息的方式要合理，不要过多使用加大字体、粗体、斜体、彩色字体。合理的提示是必要的，但是提示太多，会使投资人无法弄清楚关键点，并且会影响电子邮件的阅读体验。

3. 电子邮件的附件

（1）如果将商业计划书作为附件显示，在正文中要提醒投资人查看附件。

（2）附件的命名要符合内容，让人一看就知道是什么。

（3）如果邮件带有多个附件，需要在正文中对每个附件的内容做出简要的概述。

（4）附件的数量最好不要超过 4 个，如果附件数目较多可以做成压缩包放在一个文件夹里。

（5）如果附件中包含特殊格式的文件，应该附上正确的打开方式。

（6）附件如果超过了 2MB，最好分割成几个小文件分别发送。

4. 汉字编码和语言的选择

（1）在有需要时请使用英文邮件。如果收件人是外国的投资人，需要使用英语邮件交换，如果是身处其他国家的海外华人，也需要用英语发送邮件。因为汉字编码的问题，中文在其他地区转换时可能会变成一堆乱码。

（2）尊重投资人的习惯，不要主动使用英文的电子邮件，如果投资人的邮件使用的是中文，即使对方是外国人也不要自认为聪明地使用英文。如果对方发送的是英文电子邮件，也请不要用中文回复。

（3）对于重要消息，建议创业者使用中文，因为很难确定你的英语表达水平或投资人的英语理解水平是否有问题。这种情况下只能先确保自己的表达是没有问题的。

（4）不要追求个性化，选择最常见的字号和字体以便阅读。中文选择 5 号宋体，英文可以使用 Verdana 或 Arial 字体。

5. 邮件签名

为了方便投资者知道发件人的信息，邮件的结尾要添加签名。

（1）签名信息不需要那么多。在电子邮件的最后一行添加签名档，包括发件人姓名、职位、公司、电话、传真、地址等信息。行数通常不超过 4 行。只需输入必要的信息，如果需要更详细的信息，投资人会主动联系创业者。

（2）签名档的内容不是固定的，对熟人和陌生人可以使用不同的签名档。

（3）签名档的字体和语言要与上文一致，字号小一号即可。

此外，创业者要注意不要以群发的形式发送自己的商业计划书，每封邮件都要有针对性，花些时间研究一下投资人的投资习惯，有的放矢才能提升成功率。

（二）商业计划书 PPT 现场演示注意事项

制作好商业计划书并不代表投资人就一定会对创业者投资，后续创业者还需要对商业计划书 PPT 进行路演展示，投资人会通过创始人的 PPT 路演来继续深入了解该企业，从而决定是否对其进行投资。那么，在商业计划书 PPT 路演时需要注意哪些事项呢？

首先在正式开始商业计划书 PPT 现场演示之前，需要注意字体的显示问题、PPT 动画特效问题，以及现场屏幕显示问题。

1. 字体显示问题

在不同的计算机中，自带字体的显示效果是不一样的，有时字体显示出现问题可能会破坏 PPT 的整体演示，特别是使用了特效字体的关键字词（如标题），显示效果可能会和预想中的不太一样。不过，创业者可通过以下方案避免出现现场的显示错误：

（1）利用 PPT 自带的字体打包命令来解决。不过这种方法会导致容量出奇地大，拷贝传输起来非常麻烦。另外，计算机中的有些字体是版权限制禁止嵌入的。所以，这种解决方法不是很完美。

（2）制作完毕将全部 PPT 页面转为图片，再利用相册功能插入，也可以将 PPT 转为 PDF 格式的文件。此种方法是保护版权的有效方法之一，不足之处就是不能再灵活编辑修改，其中的链接、动画功能也会彻底消失，有"因噎废食"之感。这种处理的折中办法就是，如果不嫌麻烦的话，可将使用了特殊字体的关键字词单独转为 PNG 格式，再在 PPT 中复制粘贴一下。

（3）如果既想保留字体效果，又不想影响他人后续编辑，建议将制作中所用的字体单独建立一个文件包，在 PPT 路演前，手动将字体复制到演示所用计算机的硬盘里。此种方法唯一的缺陷就是稍有技术含量和烦琐。

为了方便，创业者也可提前利用自动解压缩工具制作一个字体安装包。

（4）在一些计算机全屏放映 PPT 时，有时个别字词不会全部显示，关闭 PPT 再重新打开后又可以显示，此种情况在一些重要的路演中可能会有极大影响，建议正式演示前多打开 PPT 播放两次，检查有没有这种情况。

（5）最后，也是 PPT 路演中最致命的情况——错别字，尽量提前对内容进行校对。在关键时刻细节决定成败，它反映的是你演讲的态度，同样体现了对台下听众的尊重程度。

2. PPT 动画特效问题

PPT 中添加动画特效有利有弊，看创业者如何运用，以及与现场演讲节奏是否能配合默契，这是很关键的。总的来说，除了带有竞争性的 PPT 演示场合，多数场合的 PPT 演示还是以"内容的有效传递"为主，多余的动画和音效是要不得的！尤其是当你的 PPT 是从网络下载下来参考借用的，一定要打开音响演示几次。

3. 现场屏幕比例问题

PPT 在投影幕布上的显示最基本的有 16:9 和 4:3 两种比例，在不同的路演场所需要使用不同比例的 PPT。所以需要提前确认场地以及尺寸，之后根据屏幕的尺寸和场地来具体修改 PPT。目前多数场合的屏幕是四方块（4:3）的，但是随着宽屏显示器的出现，投影屏幕也在与时俱进，经常能在很多新的会场看到 16:9 或更宽的 16:10 的屏幕。

如果会场是液晶拼接屏，那比例一定是 16:10。这时问题来了，计算机上 4:3 的 PPT，用到 16:9 或 16:10 的屏幕上，两边会显示较宽的黑边，这无疑会影响 PPT 的完美展示。

解决的办法有两个：第一种方案是在演示前，将链接投影仪的计算机的分辨率调整为创业者的课件比例，这样做画面是铺满了，但是图片、文字会稍微变形；第二种方案是未雨绸缪，要么创业者提前了解将来所使用的投影幕的比例再做 PPT，要么干脆做出两个不同比例的版本。

除此之外，PPT 的演示环境也非常重要。如果整体环境较暗，那么 PPT 最好使用颜色较深的背景搭配白色字体。如果是教室、会议室等明亮场所，一般使用较浅的颜色背景搭配深色字体。

在演示的过程中，可以事先准备一些演讲提纲的手稿，提纲手稿可以帮助演讲人整理思绪，有条不紊地向投资人阐述公司项目，不至于偏离主题，使投资人失去耐心。演讲是PPT路演的主要部分，其重要性不言而喻。为了讲好PPT，演讲者需要注意以下内容：

1. 一定要自信

商业计划书的PPT演讲是在向投资人推销自己的项目，演讲者一定要相信你是比投资人更专业的，听众也希望从你这边学到他所不知道的东西。无论创业者多紧张，多觉得自己还不够专业，也要镇定自若。如果演讲人表现得很没有底气，下面的投资人是很难有兴趣听下去的。

2. 声音要大，语调要抑扬顿挫

有的时候，在做商业计划书的PPT演讲时是有麦克风的，即使没有麦克风，演讲者也要做到声音洪亮。一个洪亮的声音会给自己增加自信心，也能够吸引别人的注意力。语调的抑扬顿挫对于很多人可能会有点难度，但一定要避免整个演讲都使用一个语调，在需要强调的地方一定要强调。这样的能力是需要后天的学习和训练的。

3. 面对观众

商业计划书PPT演示是讲给投资人听的，不是讲给自己听的。与观众沟通，真正了解观众的状况并及时调整自己的状态是必要的。演讲者不要盯着PPT自顾自地讲个不停。

4. 不要读PPT

不要在演讲时阅读PPT，PPT仅列出重要信息，告诉观众创业者正在谈论的大体内容。不要将PPT作为计划书阅读，这种讲解无法获得投资者的认可。好的路演可以激发风险投资人的兴趣，并利用它来评估创业者的表现力、思维能力、变通能力等。

5. 自然加入手势

在演示时可以自然而然地加入动作手势。合理的手势动作可以吸引台下投资人的注意力，会使整个演示过程绘声绘色。手势动作最好用手掌，不要用手指，这样会给投资人一种亲切的感觉。

总之，创业者在PPT现场演示前，从形式到内容都要做好充分准备，对公司项目要足够熟悉，包括现在的情况、未来规划等，并且针对投资人可能会提出的问题提前想好答案。

三、初创公司商业计划书实战案例

本书的最后一个小节用来解读初创公司商业计划书的实战案例，创业者可以从优秀案例中学习值得借鉴的地方。"It was the best of times，it was the worst of times"（这是最好的时代，也是最坏的时代）。越来越多的人会加入创新创业的大浪潮中，也会有越来越多的创业者被浪潮淘汰。漫漫的创业之路，前方道阻且长，希望商业计划书可以帮助创业者敲开融资之门，走向通往罗马的坦途。

（一）通常需 4~6 周准备时间

商业计划书从开始到成型通常需要 4~6 周的准备时间。如果创业者下定决心要自己制作一份商业计划书，并在身心方面做好准备。恭喜你，距离成功创业又近了一步。但在编写初稿之前，需要梳理出一个粗略的框架。

首先，对商业计划书负责，需要合理地解释计划中包含的各种假设。如果在商业计划书中假设在 2018 下半年要开设两家分店，要说明怎么把分店开起来。

其次，如果没有提前计划好，很难写出商业计划书。在编写商业计划书的初稿时会出现各种问题，例如使用何种商业模式、纸张使用哪种颜色会令投资者心情舒畅等，通过提前考虑这些问题，可以实现书写效率的最大化。

总而言之，提前规划好商业计划书将有助于减少时间的浪费。创业者需要做的是确定公司目标和愿景，作为商业计划书的一部分，需要评估企业实现目标的机会。接下来，查看一些商业计划书的案例，看看它们都有哪些板块，按照企业实际情况把它们表述出来，讲好自己的创业故事。

1. 目标和愿景

闭上眼睛，想想五年后的自己会在哪里？你想管理小型家族企业还是管理富甲天下的商业帝国？五年后的你是在享受创业成果还是仍旧在为融资忙碌奔波。回答这些问题对于制订成功的商业计划书非常重要。事实上，如果你不了解未来的方向，根本无法制定商业计划书。

如果你勾画好自己的未来，将自己放到五年后，描述你做了什么以及如何。用这种思路将过程描述出来会简单很多。你可能会惊讶地发现自己并不想做规模庞大的企业，做中小企业就相当幸福了。清楚地了解目标对商业计划书有很大帮助。

如果这种方法无法明确目标，请尝试回答以下问题，并从你的答案中确定目标和愿景。

（1）你愿意放弃一切，长时间无偿地工作，愿意牺牲个人时间和生活吗？

（2）如果创业失败了吗？你可以承担失败的后果吗？

（3）如果公司真的成功了。最终会雇用多少员工？

（4）公司的年收入是多少？五年后怎么样？

（5）公司的市场份额是多少？公司是突破单一点还是建立独特的产品矩阵？

（6）有扩张计划吗？做地方、国家还是全球的领导者品牌？

（7）你会成为企业的运营经理还是雇用职业经理人？

（8）公司是否保持独立性和个人所有权，最终是否会被收购或上市？

2. 融资目标

对于有商业头脑的创业者来说，赚大钱不一定要多高的资金成本，但没有资金也是万万不行的。如果企业想要高速成长，融资是最好的助力器。

积极和乐观的创业者认为，销量增长满足所有需求，可以通过利润来促进企业发展，然而，这种想法很难实现，因为企业通常需要在客户付款前先向供应商付款。由于这种现金流的问题，许多企业不得不选择申请风投基金的融资。

首先，创业者要考虑好融资类型，考虑拿到融资后的公司管理权问题，合伙人可能会要求部分控制权，天使投资人可能要加入董事会，银行要求按时偿还本金和利息，风险投资人可能会在管理层中增加人手。要提前考虑好你可以接受什么样的条件，不要等到资金短缺到一定程度才开始写商业计划书。

其次，创业者还需要考虑所需的资金数额。天使投资人可能投资

25 万 ~300 万美元。如果需求更多，可以考虑风险投资基金。银行的资金实力最为雄厚，可以提供巨额的资金支持。无论是银行还是风险投资，都有自己的融资规模。编写商业计划书之前预测好自己的融资需求。

3. 如何使用你的商业计划书

在编写商业计划书时，决定如何使用商业计划书非常重要。是规划发展目标、吸引人才还是为了融资？用于融资的商业计划书要将重点描述放在执行、管理、营销、财务方面，凸显企业如何赚钱。如果创业者正在寻找银行贷款，需要强调企业有能力偿还贷款。对于风险投资家，需要告诉他们如何从公司获得满意的投资回报率。

商场如战场，永远不要打无准备之仗，提前做好准备可以让商业计划书的撰写过程更为顺畅。

（二）融资 5000 万元的爱尚鲜花商业计划书解读

"爱尚鲜花，爱上生活"，爱尚鲜花（见图 11-3-1）是一个鲜花递送网站，属于时下流行的 B2C（Business-to-Customer）的商业模式，联盟花店遍布全国各大城市。

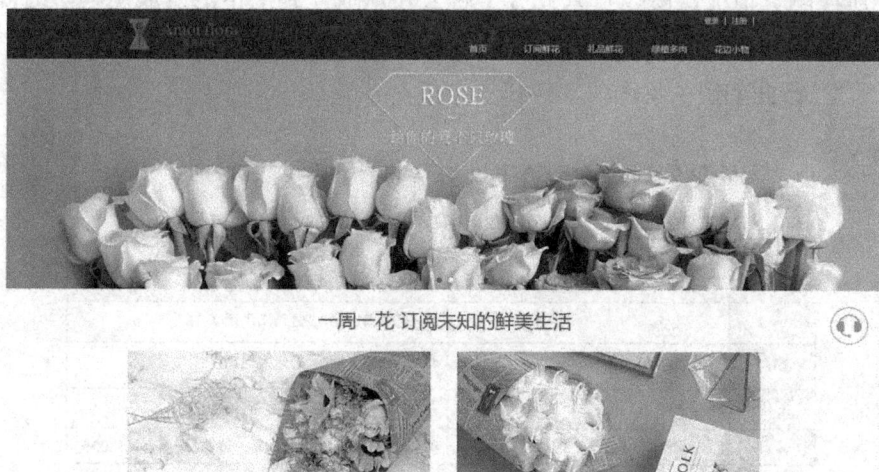

图 11-3-1　爱尚鲜花网首页

在过去的两年里，鲜花和水果所代表的生鲜行业是新的投资热点。包括天猫和京东在内的主要电子商务平台，全面支持关于鲜花和新鲜农产品的业务开发。很多投资人都认为鲜花和新鲜农产品是零售业的最后一片蓝海。爱尚鲜花乘着这辆顺风车，率先获得 5000 万元的融资，一举成为鲜花行业的"大佬"。本节将详细解读获得 5000 万元融资的爱尚鲜花商业计划书。

1. 公司介绍（见图 11-3-2）

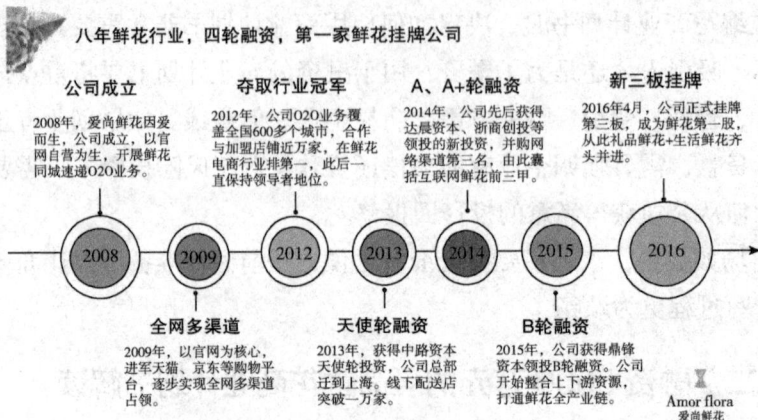

八年鲜花行业，四轮融资，第一家鲜花挂牌公司

公司成立
2008年，爱尚鲜花因爱而生，公司成立，以官网自营为生，开展鲜花同城速递O2O业务。

夺取行业冠军
2012年，公司O2O业务覆盖全国600多个城市，合作与加盟店铺近万家，在鲜花电商行业排第一，此后一直保持领导者地位。

A、A+轮融资
2014年，公司先后获得达晨资本、浙商创投等领投的新投资，并购网络渠道第三名，由此囊括互联网鲜花前三甲。

新三板挂牌
2016年4月，公司正式挂牌第三板，成为鲜花第一股，从此礼品鲜花+生活鲜花齐头并进。

2008　2009　2012　2013　2014　2015　2016

全网多渠道
2009年，以官网为核心，进军天猫、京东等购物平台，逐步实现全网多渠道占领。

天使轮融资
2013年，获得中路资本天使轮投资，公司总部迁到上海。线下配送店突破一万家。

B轮融资
2015年，公司获得鼎锋资本领投B轮融资。公司开始整合上下游资源，打通鲜花全产业链。

Amor flora
爱尚鲜花

图 11-3-2　爱尚鲜花商业计划书公司介绍

计划书首先向投资人介绍了公司详情、公司的营业模式以及公司的前期阶段融资情况，使投资人充分了解公司从成立到上市的发展历程。时间线清晰，关键点突出，还彰显了企业在鲜花行业的领军地位。

2. 行业前景（见图 11-3-3）

礼品鲜花+生活鲜花，开启鲜花消费新蓝海

目前，爱尚鲜花正全面发力生活鲜花市场，生活鲜花订单已占比超过50%

国家	礼品鲜花市场（用于送礼）	生活鲜花市场（办公室与家庭自用）	全国鲜花市场销量（2014年）
英国	43.3%	57%	33.4亿英镑（248.9亿元人民币）
荷兰	40%	60%	41.7亿欧元（310.4亿元人民币）
美国	35%	45%	76.67亿欧元（566.5亿元人民币）
中国	95%	5%	鲜切花零售市场约430亿元，鲜花+绿植合计1300亿

■ 根据线上鲜花销售数量的历年统计数据，礼品鲜花市场78%的顾客为都市年轻男性；生活鲜花市场85%的顾客为都市白领女性，显然，二者属于两个各自独立的不同市场。

■ 生活鲜花市场的快速增长，礼品鲜花市场仍旧保持30%以上的增速。

■ 可见，生活鲜花市场的壮大，是做大了市场新的蛋糕，不是抢了原来的蛋糕。如果二者平分天下，那么鲜切花总市场额将突破1000亿元。

图 11-3-3　爱尚鲜花商业计划书行业前景介绍

　　行业前景部分，使用表格和权威数据增强商业计划书的可信度，对比世界各国的礼品鲜花和生活鲜花的需求，针对中国生活鲜花市场的空白，全面发力生活鲜花市场。计划书表明了鲜花市场广阔的行业前景，甚至预估出了 10000 亿元的数字，这对投资人有不小的吸引力。

3.商业模式（见图 11-3-4）

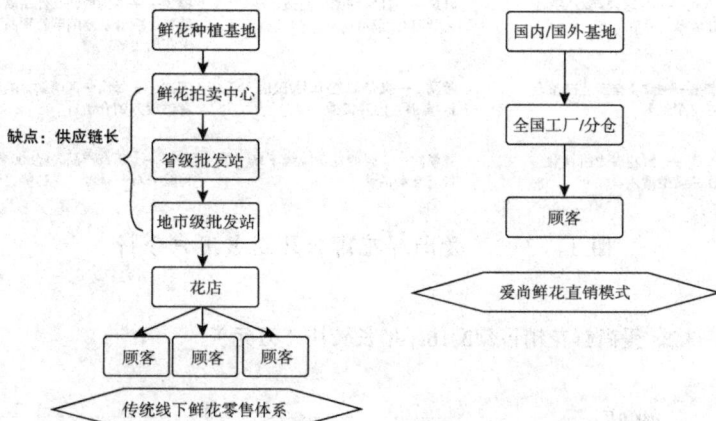

图 11-3-4　爱尚鲜花商业计划书商业模式分析

　　O2O 开始进入消费者的日常生活，对传统购买习惯造成了很大冲击，尤其是以白领为代表的新一代消费群体，在线购买已成为主要方式。其主要原因是移动互联网改革了花卉产业，为客户提供了便利的途径、价格优势和优质的服务。

4.用户分析（见图 11-3-5）

　　爱尚鲜花的管理者发现 80% 的用户都是 25~30 岁的白领女性，她们热爱生活，消费活跃，追求时尚，热衷于在社交平台上分享图片。据统计，这种白领女性在大城市中有 8000 万，她们是爱尚鲜花的消费主力军。爱尚鲜花鲜明的消费者画像，也是吸引投资人的着力点。

5.运营数据（见图 11-3-6）

　　最大限度上的便利性、较低的成本和优质的服务使爱尚鲜花的销量不断上涨，商业计划书中运营数据的展现有利于投资人了解公司的运营现状，预测企业的未来发展，爱尚鲜花卓越的运营数据也是吸引投资人的有力武器。

2.4爱尚鲜花，白领女性的品质生活入口

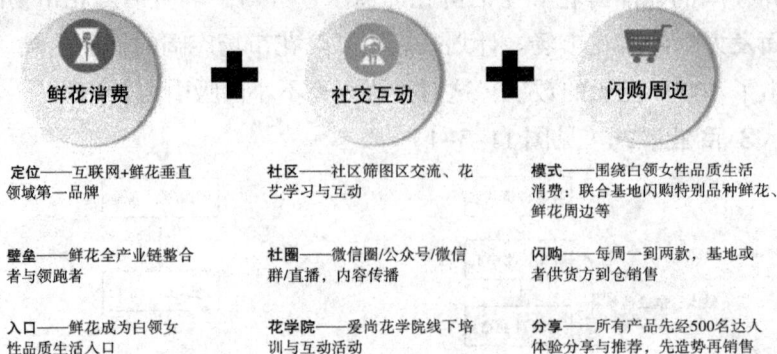

鲜花消费 + **社交互动** + **闪购周边**

定位——互联网+鲜花垂直领域第一品牌

壁垒——鲜花全产业链整合者与领跑者

入口——鲜花成为白领女性品质生活入口

社区——社区筛图区交流、花艺学习与互动

社圈——微信圈/公众号/微信群/直播，内容传播

花学院——爱尚花学院线下培训与互动活动

模式——围绕白领女性品质生活消费：联合基地闪购特别品种鲜花、鲜花周边等

闪购——每周一到两款，基地或者供货方到仓销售

分享——所有产品先经500名达人体验分享与推荐，先造势再销售

图 11-3-5　爱尚鲜花商业计划书用户分析

3.2、爱尚鲜花销售额2016年增长较快（万元）

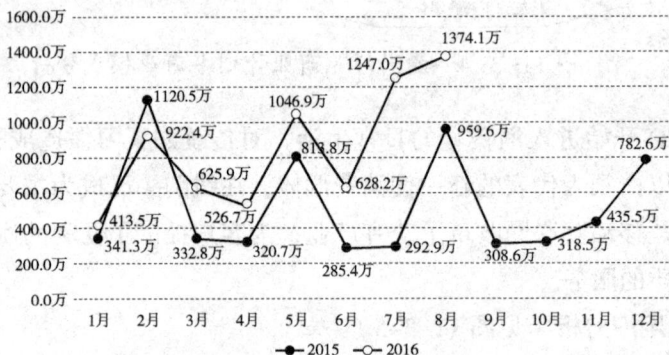

图 11-3-6　爱尚鲜花商业计划书运营数据

6. 团队介绍（见图 11-3-7）

说良好的创业团队是创业成功的一半也不为过，很多投资人都看重创业者的工作经历，爱尚鲜花创业团队丰富的从业经验、管理经验、学习经历和个人能力都彰显了企业成功的可能性。经验丰富的管理和运营团队是爱尚鲜花拿到 5000 万元融资的有力保障。

7. 融资计划（见图 11-3-8）

回顾爱尚鲜花的融资历程，2013 年中路资本、纽信创投参与种子轮

4.1、经验丰富的管理和运行团队

邹小锋	**董事长、CEO、创始人** 上海交通大学CMBA工商管理硕士和SMC University MBA硕士学位在读 ■ 鲜花互联网领域的开创者和领军人物，连环创业者 ■ 曾供职于大正药业集团，负责浙江区域市场的开拓工作 ■ 曾供职于旺旺集团，负责浙江大区KA渠道销售管理 ■ 曾创立阳光阿里餐饮，主要开展连锁餐饮服务，5家直营店，600多家加盟店
湛广	**战略副总**，复旦大学公众管理硕士 ■ 品牌6C理论创始人，上海交大总裁班特约讲师 ■ 曾服务中国南方航空公司，上海医药集团，香港雅芳婷集团等大型企业 ■ 曾从事企业管理咨询，服务过FMCG、TMT行业，擅长战略管理、品牌运营、电子商务 ■ 曾出版45万字的品牌管理专著《品牌源动力》（中国发展出版社，2013）
潘上卿	**业务副总**，毕业于上海理工大学 ■ 先后任职于通用汽车、回药控股和金龙鱼等世界500强企业，曾担任通用汽车数据平台 　数字运营经理，熟悉消费品品牌 ■ 曾任知名IT公司运营总监，其间服务过20多个线上零售品牌 ■ 淘宝大学企业内训导师，拥有丰富的电商运营实战经验，擅长电商渠道运营和市场营销

图 11-3-7　爱尚鲜花商业计划书中的团队介绍

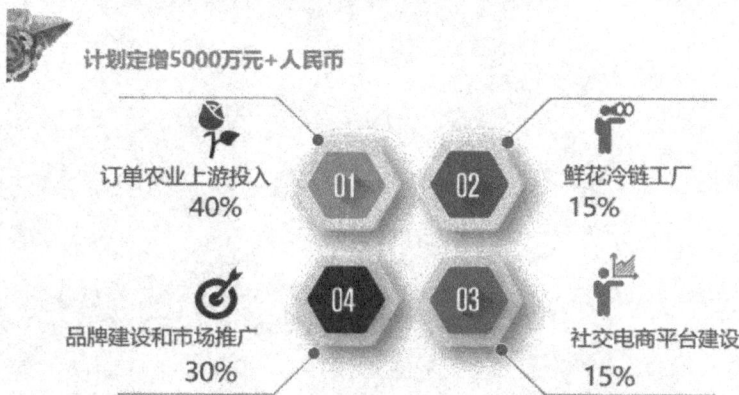

图 11-3-8　爱尚鲜花商业计划书中的融资计划

投资；2014 年天使轮达晨创投资；2015 年浙商创投 A 轮投资，鼎峰资本 B 轮投资。爱尚鲜花从不缺少投资，明确的融资计划可以使投资人更加痛快地拿出钱来。在中国，以白领为主的消费群体正在崛起，随着人们绿色生活的观念转变，鲜花行业还有很大的发展空间，可以预见爱尚鲜花会越来越好。

　　以上就是爱尚鲜花商业计划书中吸引投资人的亮点，希望创业者们可以从中学到撰写商业计划书的窍门，用一份优秀的商业计划书做企业融资的敲门砖。